U0925018

回忆苏格拉底

[古希腊]色诺芬 著
郑伟威 译

海峡出版发行集团 | 海峡文艺出版社

图书在版编目(CIP)数据

回忆苏格拉底/(古希腊)色诺芬著;郑伟威译. 一福州:海峡文艺出版社,2018.11
ISBN 978-7-5550-1516-1

Ⅰ.①回… Ⅱ.①色…②郑… Ⅲ.①苏格拉底(Socrates前469—前399)x哲学思想—盲文 Ⅳ.①B502.231

中国版本图书馆CIP数据核字(2018)第115562号

回忆苏格拉底

[古希腊] 色诺芬 著 郑伟威 译

责任编辑 陈 婧
出版发行 海峡文艺出版社
经　　销 福建新华发行(集团)有限责任公司
社　　址 福州市东水路76号14层
发 行 部 0591—87536797
印　　刷 天津文林印务有限公司
厂　　址 天津市宝坻区新开口镇产业功能区天通路南侧21号
开　　本 889毫米×1194毫米 1/32
字　　数 130千字
印　　张 6.375
版　　次 2018年11月第1版
印　　次 2018年11月第1次印刷
书　　号 ISBN 978-7-5550-1516-1
定　　价 35.00元

目录

第三卷

第四卷

第一卷

第一章

让我常感到困惑的是那些控诉苏格拉底的检察官所使用的辩词，他们究竟怎样成功说服雅典人，让他们认定苏格拉底应该被城邦判处死刑。起诉书的大意如下："苏格拉底的罪包括：蔑视城邦所尊敬的诸神，引进其他新神；腐化青年。"

首先，对于第一个指控，说他"蔑视城邦所尊敬的诸神"，他们有些什么论据呢？众人有目共睹的情况是，他常常在家中献祭，也常常在城邦的公共祭坛上献祭；显然，人们都知道，他也从事占卜。苏格拉底经常说"神明指教了我"，这句话已经成为人们的口头禅。

在我看来，指控他的罪行主要就是他引进了新神。然而，相较于从事占卜的人，那些借由征候、声音、异兆和祭祀等方式预知外物的人，他并没有引进过什么更新的神。对这些人来说，异鸟或那些遇到它们的人本身并不知道哪些事对问询征兆的人有利，他们知道的是，神明以此为媒介，显示出那些预示吉凶的事；苏格拉底的观念也是如此。

然而，大多数人都声称，他们做或不做某一件事物，是因为异鸟或遇到它们的人给他们的启示，但苏格拉底不这样说，他会完全将心里的想法说出来，说是神明直接给了他预示。相应地，他也会鼓励他的门徒去做某些事情，或者做某些事情的时候要小心谨慎；那些按照他的指点去做的人都获得了好处，而不理会他指示的人都会后悔。苏格拉底不愿在他的朋友面前表现自己是个愚人或是自夸者，这个谁能不赞同呢？如果他确定地说，自己受到了神所赐予的启示，之后却被证明是个骗子，他就会显得既是愚人又是自夸者了，苏格拉底肯定考虑过这个后果。所以，如果他不相信自己的话会被证实，他肯定就不会预先说出来了。对于这种预测的事，除了信赖神明，还能信赖谁呢？如果是这样的话，一个信赖神的人，怎么还会以为没有神呢？

此外，他对自己的朋友，也按照类似的原则行事，他会劝告朋友，告诉他们他所认为最有利的办法，让他们照着这个办法去做那些必须做的事情；至于那些结果无法确定的事，他就建议他们去占卜，以决定该不该做。他也说，那些想治理好家庭或城邦的人都需要占卜；至于那些人，想要在建筑、金工、农艺或人事管理工作上有所擅长，或想成为一个鉴别家，或者精于推理，等等，这一类事情，他认为都是属于知识的问题，是由自己的判断来做选择的。但他认为，这一类事情的关键，神明都为自己保留着，人们是无法察觉到的。因此，不是所有把田地耕作得很好的人都一定能收获果实，也不是所有把房屋盖得很好的人都一定能住在其中；善于指挥的人当起将领来未必就对他本人有利；有政治才能的人当国家的领袖，对他本人来说也未必是好事；娶美貌的妻子、期望获得幸福的人，或许反而会因为她而招来祸患；趋炎附势、攀附权贵的人或许会被流放。他觉得那些认为这些事并不遂神的旨意，而凭人类的智力自己决定的人是疯子。他也把那些对于神明已经赋予人类运用智慧就可以知道的事情，还要求助于占卜的人称为疯子。例如，一个人问：是雇用一个知道怎样赶车的人做车夫好，还是用一个不知道怎样赶车的人做车夫好呢？用一个知道怎样驶船的人去管船好，还是用一个不知道怎样驶船的人去管船好呢？或者，那些明明可以通过计算、测量、权衡弄清楚的事还要去求问神。苏格拉底认为，这一类事还要问神占卜的人就是犯了对神不虔诚的罪。他说，神明让人类通过学习可以学会的事情，我们就应该学习；同时，那些对人类隐晦的事情，才可以试图通过占卜的方法求神明指示，因为神明总是会把事情向他所宠眷的人指明的。

除此之外，苏格拉底对于自己的行为也毫不隐瞒。他常出现在公共场所。早晨去那里散步、锻炼；市场上人多的时候，也总可以看到他；其他时候，只要是人多的地方，他多半也会在那里；只要有可能，他就会发表演讲，让那些想听的人都可以听到。但从来没有人看见苏格拉底做过什么对神不敬的事，或者说什么亵渎神明的话；因为他不像其他大多数哲学家那样，去思索万事万物的本质，推想智者们所称的“宇宙”，猜测每个天体是通过什么规律形成的。相反，他认为那些费尽脑子思考这类问题的人是愚妄的。他从一开始就会问这些人，他们是否认为对于人类的各种知识已经足够了解，因而就进一步研究这一类的问题，还是因为他们认为自己应当忽略人类事务而研究天上的事情。他还感到惊异的是，他们竟不能看出，人类是不可能看透这些玄妙之事的，因为即使对这些事很有研究的人，他们的讨论也会意见不合，彼此之间如疯如狂地互相争执着。因为对于这些疯狂的人来说，有些人对于应当惧怕的事毫不惧怕，另一些人则会惧怕那些不应当惧怕的事情；有些人在公众面前无论做什么、说什么都不觉得羞耻，另一些人则以为自己到人群中去都是不对的；有些人对于庙宇、祭坛或任何与信仰有关的东西都毫不尊重，另一些人则敬拜石头、木头或野兽；因此，在那些思索宇宙本质的人中，有些人以为万物的存在是一个整体，另一些人则认为存在着无数的世界；有些人认为一切都是永远运动的，另一些人则认为没有一样东西是动的；有些人认为万物生生不息，另一些人则认为没有什么东西在创生或毁灭。

关于这些哲学家，他还会问：“这些哲学家，是不是像那些学会了人类技艺的人那样，认为自己能够适用这些技艺，来取悦自己或其他人？如果这种说法正确，那么这些致力于参透神明旨意的哲学家，当他们了解了世间万物运行的因果规律后，是否也希望能够凭借自己的意志，制造风雨、变幻四季呢？还是他们没有这样的期待，仅仅知道这些事物是如何发生的，就可以满足他们了呢？”

这些是他对那些忙于思辨的哲学家的看法；他本人则总是喜欢讨论与人类福祉有关的话题，他会考究何为虔诚，何为冒犯；何为高尚，何为卑劣；何为节制，何为奢侈；何为坚忍，何为懦怯；何为国家，何为政客的风度；何为统治人民的政府，何为善于统治人民的人所应当具有的品质；等等。他认为，这些知识使得人们具有价值，受人尊重，而忽略这些问题的人，并不比奴隶强多少。

因此，苏格拉底在很多观点上，都没有明确表示过他的意见是什么，也无怪乎，那些法官对他做出了错误的审判。但是，奇怪的是，他们竟然一点也没有去考虑那些众人皆知的事实。当苏格拉底是一名议会成员的时候，他曾经宣誓就职，在誓词里，他声明他会“依法进行表决”。在他担任人民大会主席期间，当民众要求他违法表决，处死塞拉苏洛斯、艾拉西尼底斯和他们的同事时，尽管群众向他发泄怒火，许多有权势的人甚至威胁他，要他付诸表决，他还是拒绝了。因为，他认为遵守誓词要比付出正义的代价去满足群众的要求，也比在别人的威胁之下委曲求全来得更为重要。他也认为，神明对待人们并不像一般人所想的那样，以为神明只知道一部分事，忽略了另一些事；他相信神明知道一切事，无论是说的、做的，或在静默中所想念的。神明是无所不在的，并且把一切有关于人的事向人指明。

因此，我很奇怪，雅典人怎么会被说服，认为苏格拉底关于神的见解是不正统的。他一次都没有说过对神不敬仰的话，或者做过对神不虔诚的事；他的言行举止都是出于对神的尊重，任何一个人，如果像他这样做，都会被看成是特别信奉神明的人。

第二章

让我感到困惑的还有一件事，那就是竟然有人会相信“苏格拉底腐化了年轻人”。在上一章中，我们已经说了很多关于他的优点，除此之外，苏格拉底不但是一个极能控制激情和欲望的人，而且也是一个相当能忍受冷、热和各种折磨的人；此外，他还极其勤俭节约，只满足自己适度的需求，所以，虽然所得很少，但他能轻松地应付个人所需。

既然他是这样的一个人，他反倒会让别人变得不虔诚、违法、奢侈、不节制，或者经不得劳作吗？与事实相反的是，他让许多人不再这么做，并且引领他们去追求美德，鼓励他们相信，如果自己能够谨言慎行，就能够成为受人尊重和有价值的人。虽然他本人并没有作为此类问题的教师，专门去从事这样的教化事业，但由于他所展现出来的生活方式就是这样的，所以那些与他有关的人都希望可以追随他，成为像他那样的人。

他向来重视身体健康，不认同那些忽视身体健康的人。他认为人吃得过饱，或者劳动过度都是不好的，人应该进行适度的劳作，把摄入的食物消化掉；这样的行为习惯是健康的，对于内心的修炼也无阻碍。

他从不奢侈浪费或者虚荣浮夸，这在他的衣服、鞋或其他生活习惯方面都有所体现。与他在一起的人，他不会让他们贪恋钱财，反而要求他们在其他欲望方面也要有所节制。他从不向那些想听他讲学的人索要报酬。他认为，拒绝报酬可以让他最大限度地保持独立的思想，那些从讲学中索取报酬的人让自己沦为奴隶，因为他们有义务和任何给予其报酬的人讨论想法。令他同样感到不解的是，那些教化德行的人认为讲学是一件理应换取报酬的事，却不觉得认识了一位忠贞的朋友才是最大的受益，他们竟然担心自己的学生成为受人尊敬、有价值的人后将不会对曾经的恩人心怀最大的感恩之情。苏格拉底确实没有向别人表明自己的想法，但他坚信凡是和他有过接触的人，都会接受他的信条，都会成为他忠实的朋友，也会成为彼此一生的挚友。

这样一个品格高尚的人，怎么会“腐化青年”呢？除非，培养德行即是腐化他人的行为。他的指控者会说：“但是，显而易见的是，苏格拉底使得他的交往者们蔑视法律，认为用抽签的方式选举国家领袖是愚蠢的；他认为，不仅是国家领袖的选举，即使是舵手、建造师或笛子演奏者，也没有人想要通过抽签的方式去择取，尽管这些人所能够犯下的错误，远不及国家事务管理者所能造成的谬误危害大。因此，这样的唆使，让青年对于政府形式心生不满，还出现了暴力的行为。”

当前在我看来，那些运用智慧的青年，相信为了民众的利益可以对他们进行引导，是最不可能使用暴力的人，因为他们意识到，暴力只会让危险增加，让敌人增多，更好的方式，应该是善意的说服，这样，不冒险也能获得同样的结果。那些受到强迫的人，会把我们当作仇人，就好像我们掠夺了他们一样；那些得到说服的人，会把我们当作恩人，就好像获得了我们的恩惠一样。所以，懂得使用智慧的人，是不会实施暴力的，会这么做的人，是那些只有蛮力而不会凭借智慧去思考判断的人。此外，那些冒险使用暴力的人，一定会有同党，而那些擅长说服的人，则不需要什么人的协助，他只要一个人就可以获得胜利。善于说服的人也最不可能将人处死，因为既然能够成功地说服他人，并发挥这些人的作用，那又何必置人于死地呢？

指控者们又会说：“但是，克里提亚斯和阿尔西比亚底斯，他们两位和苏格拉底有过交往，都给国家带来了各式各样的邪恶；克里提亚斯是寡头政治成员中最贪得无厌、最残暴的人，而阿尔西比亚底斯则是所有民主党派中最放纵、最傲慢、最暴力的人。”

我也不能为这两个人给国家带来的邪恶罪行辩护什么；但是，对于他们和苏格拉底的交往，我则要说明事实的真相。这两个人其实在本性上就是所有雅典人中最具野心的人，他们希望通过自己的影响力，指挥一切事情，并且成为最有名望的人。他们也知道，苏格拉底生活清贫，但是精神独立；他是最能够克制自己不去纵情享乐的人，他能够通过自己的推理，影响那些用这种方式和他辩论的人。既然事实如此，而这两个人又是上述的情况，谁又能够肯定，他们和苏格拉底交往的动机，是想要模仿苏格拉底的生活，节制欲望，而不是因为他们觉得只要和苏格拉底交往，就能够敏于言行呢？我坚持认为，如果神明让他们自己选择，是像苏格拉底那样过一辈子，还是死亡，他们都宁可选择死亡，而不愿意像苏格拉底那样生活。他们后来的行为也证明了这一点，因为在他们认为自己比同龄人来得优越之时，他们就匆忙地离开了苏格拉底，沉浸于政治事务中，这就是他们要与苏格拉底结交的真正企图啊。

或许有人会反对这个说法，而认为苏格拉底在教授门徒学会自制之前，不应该教授他们政治。这个观点，我先暂时不予评论。但是，据我了解，所有的教师都是把自己的实践作为典范，鼓励学生学习模仿。我也知道，苏格拉底向他的门徒明确展示了他的诚实和虔诚，并且对于德行和人类所有行为的主题发表了最令人敬佩的演说。我也知道，这两个人，在和苏格拉底交往期间，都是非常谨慎小心的，这并不是由于害怕被苏格拉底责骂或惩罚，而是他们当时认为，这些行为对于他们的利益来说是最好的。

很多自诩为哲学家的人可能会断言，一个一度履行公平的人，就不会再变得不公平；一个谦虚的人，也不会再变得傲慢；同样，对于那些人类可知的事物，任何人学习了之后，就不会再变成无知的。然而，对于这类观点，我并不能苟同。在我看来，不锻炼身体的人，就不能很好地发挥身体的机能；同样，不磨砺心智的人，也不能很好地控制心灵的技能；这样的人，做不了应该做的事情，也抑制不了不做不应该做的事情。因此，不管儿子有多么稳重，父亲还是会阻止儿子与坏人交往，因为他们相信“近朱者赤，近墨者黑”。

一位诗人也对这个看法作了验证，他说：“你从好人那里学会好的德行；与坏人交往，则会失去原先拥有的好品质。”

另一位评论者说：“一个好人，有时候是好的，但有时候也会是坏的。”

对于这个观点，我也能做证，因为我相信，就像那些背诵辞赋的人那样，如果他们不仔细地运用措辞，就会忘记这门艺术；同样，忽略了训诫的人，也会忘了注意自己的言行。而如果这些人忘了道德戒律，就会忘记心灵在包容智慧时所需求的感受；当他们忘了这些事情时，智慧的遗忘也是不足为怪的。我也看到，那些酗酒过度、沉迷爱情的人，最难去坚守职责，克制自己不去做那些不应该做的事；有很多人在陷入爱情之前，生活节俭，但一旦深陷爱情就不再如此；当他们耗尽财富资源时，他们就不能控制自己，为了钱财，那些原先嗤之以鼻、羞于去做的事情也会去做了。

所以，一个曾经头脑清醒的人，为什么不可能再失去理智呢？一个履行公正的人，为什么不可能变得不公正呢？

在我看来，所有正直可靠和德行高尚的事都是源于操行，清醒的头脑即其中之一；而愉悦感植入身体中，和灵魂一起存在着，前者会诱使后者忽视清醒的理智，不管怎样都想要把后者引向自我欲望的满足。

所以，克里提亚斯和阿尔西比亚底斯与苏格拉底保持密切交流时，是能够在他的帮助下控制自己的邪恶欲望的。但是，当他们放弃了苏格拉底的交际圈子，克里提亚斯逃到了色萨利，和那些破坏律法、不尊崇社会道德的人厮混；而阿尔西比亚底斯则凭借自己的美貌，得到很多女人的追捧，甚至是一些出身高贵的女人的追捧，而且他在城邦和同盟国那里获得了影响力，被众人簇拥，接受着虚伪的阿谀奉承，民众也愚昧地尊崇他，他就毫不费力地超越了其他人，就像有些运动员在竞技比赛中轻易取胜后，就忘了之后的锻炼一样，他也忽略了自制。

他们的情况都是这样，骄傲于自己的血统，夸耀自己的财富，自我在权力下膨胀，又受人尊崇，因而他们建立的良好德行就完全崩溃了。他们长时间与苏格拉底分开，言行又变得傲慢而不可一世，这又有什么奇怪的呢？

但是，即使他们做得不对，难道指控者就可以将矛头指向苏格拉底吗？这两个人在年轻气盛时，为人草率，不受约束，是苏格拉底教化他们变得趋向理智，难道他不应该受到一些称赞吗？至少在其他事情上，人们不是以相同的方式看待的。笛子、竖琴教师，或者其他教师，有哪一个会因为成名的学生转投其他师门后演奏得不好而受到牵连、被指责呢？或者，做父亲的人，有哪一个会因为儿子和一个稳重的人交往后，又和另一个品行不端的人交往而去指责之前的那个朋友呢？儿子因为和第二个朋友交往而变坏后，难道他不会更愿意去称赞第一个朋友吗？即使儿子和父亲在一起时做了坏事，只要父亲本身的品行端正，也不会受到任何指责。苏格拉底也应该受到同样方式的评判。如果他做了任何不道德的事，他的确要被视为不道德之人；但如果他一直是道德品行良好的人，却莫须有地因为别人的罪行而受到指责，难道这是公平的吗？

不过，虽然他本人没做什么坏事，但如果他对于克里提亚斯和阿尔西比亚底斯正在从事的坏勾当报以称赞，那么对他的责难也是正当的了。但是，当苏格拉底看到克里提亚斯对欧西德莫斯献殷勤，挖空心思想要利用他，就像那些纵欲者追求想要勾引的人那样时，苏格拉底试图阻止他的计划，并告诫他，这不是一个正人君子做的事，不值得为此丢掉了做人的尊严和正直，让他不要向崇拜的人苦苦哀求，期待得到这个人的崇敬，像乞丐那样向他乞求好处，而这么做也不会有好的结果。但是，克里提亚斯毫不理会他苦口婆心的劝告，也不愿意放弃他做的事，据说苏格拉底当着欧西德莫斯本人和其他人的面说过："克里提亚斯就是一个被贪婪控制的人，他想要和欧西德莫斯交密，就像猪想要摩擦石头一样。"因此，克里提亚斯对苏格拉底是如此之恨，以至于当他成了三十僭主之一，并和卡里克勒斯一起被任命为立法者时，他还记得这件事情，并在律法中加入了一条律令，那就是不允许任何人教授演讲术，以此专门用来针对苏格拉底，但他并没能特意指控苏格拉底，只是将人们用来指责哲学家的话，放到了他身上，并且让他在大众面前受羞辱。这个事，我并没有从苏格拉底那里亲耳听到过，也没听别人说起过。

但克里提亚斯自己把事实表现得很明显；因为三十僭主杀害了许多民众，其中很多都不是无足轻重的人，并且唆使一些人违反法律的时候，苏格拉底曾大致说过："我所感到不可思议的是，如果一个人负责牧养牲畜，让牲畜越来越少，越来越虚弱，他却能够否认自己是个不合格的放牧人；更令我不能理解的是，任何做了国家领袖的人，让自己的民众数量减少，道德败坏，却仍然不认为自己不适合此职。"这个言论传到了三十僭主那里，克里提亚斯和卡里克勒斯将苏格拉底传召过来，指出了律法，警告他不要再和青年有进一步的谈论。接着，苏格拉底问他们，是否允许他对于禁令中不太明白的事情提出疑问。在他们的准许下，他问道："我准备好去遵守法律了，但是我不想在无知的情况下触犯它，我特别想清楚地知道，你们禁止教授演讲术的原因，是认为演讲术鼓励人们说正确的话，还是不正确的话？如果是鼓励说正确的话，那么我们显然应该不说正确的话，如果它鼓励说不正确的话，那我们显然应该努力说正确的话。"接着，卡里克勒斯对他怒气冲天地说道："苏格拉底，因为你没有理解我们说的话，我们就命令你，好让你清楚明白地了解，那就是，你不能和青年交谈。"苏格拉底答道："但是，不管我做的事应不应该被禁止，如果这条禁令没有错误的话，那么请告诉我青年是多大的一个年纪？"卡里克勒斯回答道："只要他们还没有到成为议员的年纪，还未得到足够的经验，还没有到三十岁的年纪，你就不能和他们交谈。"苏格拉底又问："但是，假如我想买一样东西，一个不到三十岁的人在卖，我甚至都不能问他这件东西的价钱吗？”卡里克勒斯回答：“这些问题当然可以问，但是，现在，你不能再问你常问的那些问题了，因为那些问题都是你明明知道事情是怎样的。”“那么，如果有青年问我这样的问题，比如‘卡里克勒斯住在哪儿’，或者‘克里提亚斯在哪儿’，如果我知道的话，难道我也不可以回答吗？”卡里克勒斯说：“这一类的问题，你是可以回答的。”“但是，”克里提亚斯又补充道，“你绝对不能讨论那些鞋匠、木匠和铁匠的事情了，因为你总是不断地说起他们，我想他们一定已经厌烦至极了。”“那么，我也不能谈论这些人身上所具有的任何特质了吗，例如热爱正义、虔诚，或者诸如此类的事情？”“是的，就是这样，你必须禁止这样做了，”卡里克勒斯回答道，“特别是要小心说‘放牧人’的事，如果你不这么做的话，你就要当心你自己也会让牲畜变少。”因此，这里可以明显地看出来，他们已经听到了苏格拉底所讲的关于牲畜的话，而且对他非常生气。

现在，克里提亚斯和苏格拉底的交往，以及他们彼此之间存在的关系，已经得到了解释。

我要再次从我的角度出发说一说。我认为，如果一个学生不喜欢他的老师，任何教诲都没有用。克里提亚斯和阿尔西比亚底斯都和苏格拉底很疏远，在他们与苏格拉底交往时，他们喜欢他，但是一旦他们结束了交往关系，他们的目标就指向了成为城邦的领导；在他们和苏格拉底交往的整个期间，他们就最喜欢和从事政治的人交谈。

再来说说阿尔西比亚底斯，据说他在二十岁以前，就曾和他的监护人兼国家元首伯里克利就律法问题作过如下的谈话。他说："伯里克利，请你教教我，什么是律法好吗？"伯里克利回答道："当然了。"阿尔西比亚底斯回应说："那么，我以众神的名义请你指教我，尽管我听说有些人由于尊奉律法而得到赞扬，但是，我认为，只有他们懂得什么是法律，才有资格接受这样的称赞。""但是，阿尔西比亚底斯，你所要求的事情并不难做到，"伯里克利回答，"律法就是，全体人民集会上同意、颁布的章程，宣布什么是可以做的，什么是不可以做的。""那么，律法支持哪一种行为呢？是好的，还是坏的？"伯里克利回答道："当然是好的行为，我的孩子，绝不是坏的事。""但是，如果像寡头政治那样的情况，是少数人参会，并颁布律令，规定什么可以做，那这又算什么呢？"伯里克利回答："国家统治权力在经过必要的思量之后，颁发的条律，规定人们做什么是合适的，都是律法。""那么，如果一个掌握国家政权的僭主，规定了人民的行为，这是不是也是律法呢？""即使这件事是由一个掌权的僭主所规定的，"伯里克利回答道，"那也叫作律法。"阿尔西比亚底斯又问道："那么，伯里克利，暴力和不法是什么呢？如果强势者违背弱势者的意愿逼迫他们去做看似有益的事，而不是用说服的方式，这是不是暴力和不法呢？"伯里克利回答道："我看是这样的。""那么，一个僭主不经过民众的同意，违背他们自己的判断，颁布条例让他们做是否也是不法呢？"伯里克利说："我看是这样，我收回我说的那个断言，僭主未经过说服给民众颁布的条例并不是律法。”“这种少数人通过自己的权力控制，未经大多数人同意颁布的行为措施，我们是不是应该称其为强制行为？”伯里克利回答：“任何一件事，只要是一个人强迫另一个人做，而不是说服那个人，不管颁布的条例是否明确写下，在我看来，都是强制行为，而不是律法。”“那么，如果全体民众的权力超过了富有的阶级，未经后者的同意而颁布条例，这是强制行为而不是律法？”“当然是的，阿尔西比亚底斯，”伯里克利说，“我们像你这么大时，也擅长对此问题的争论，也会像你现在这样，关注并热衷于思考这类问题。”阿尔西比亚底斯说道：“伯里克利，要是我能够在你最擅长处理此类问题时，和你交往，那该多好啊！”

因此，当阿尔西比亚底斯和克里提亚斯认为他们比城邦中掌管权力的人更优越时，他们不再与苏格拉底交往，因为他们在有些地方是不喜欢他的，当苏格拉底责备他们的过错时，他们也很恼火。因而，他们投身政治，这也是他们最初找到苏格拉底的理由。

但克力同也是个和苏格拉底有所交流的人，其他还有查勒丰、查赖克拉泰斯、赫莫克拉提斯、西米阿斯、塞贝斯和斐东德等人，他们听苏格拉底的演讲不是为了成为有所成就的雄辩家或者律师，而是为了成为正直可敬的人，能够为家庭、亲朋好友、国家和同胞履行自己的职责。他们没有一个人，无论在年轻时还是年老时，做过卑劣的事或受到过指责。

指控者说：“但是苏格拉底教唆青年轻视自己的父母，让他的追随者认为，他们比自己的父亲聪明，如果父亲被证明患有疯癫病，儿子将他拘禁起来是合法的。他将这样的事作为一个论据，来证明那些无知的人可以受到较为明智之人的控制和约束。”但苏格拉底声明，如果一个人为了无知而将别人拘禁起来是合法的，那么假如其他人知道他所不知道的事情，也可以将他合法拘禁。因此，对于这样的事情，他经常会思虑无知与疯癫之间存在的不同，他认为疯癫的人应当受到拘禁，这是出于他们自己和他们朋友的安全考虑，他也认为，那些不知道应当知道的事情的人，应当由那些知道的人教一教。

指控者接着又说：“苏格拉底还让他的追随者们不仅轻视父母，还轻视别的亲属，认为这些亲戚关系对于患病或者打官司的人是没有用处可言的，有帮助的反而是治疗他们的医生，或者是协助他们的律师。”指控者还声称：“苏格拉底宣称，对于朋友来说，他们唯一的好处就在于他们能够提供一些实际的帮助；那些值得尊重的人，是知道什么对别人有利的，并能够指出来的。由此，通过如此这般地说服青年，他让青年相信他自己是最有智慧的人，也是最能够让别人聪明的人，他也因此将他的信念传输给自己的门徒，让他的门徒相信，别人和他比起来是没什么价值的。”

事实上，我知道苏格拉底说过这些关于父母、亲朋好友的话；此外，他也说过，才智只存在于灵魂中，当灵魂离开人的身体时，人们就会将他们最亲密的人的身体抬走，尽快让他们在眼前消失。他也说过，在每一个人的有生之年里，连对自己最珍惜的身体也同样如此，人们会让别人或者自己除去身上没有用或者没有益处的部分。所以，人们会剪掉指甲、头发和茧皮，还会忍受痛苦和折磨让外科医生进行切除、烧烙，甚至还愿意付钱接受这样的手术。人们还总是将口中的唾液尽可能吐得很远，因为唾液留在嘴里没有什么用处，可能还只有坏处。苏格拉底这么说，不是要诱导别人去活埋自己的父亲，或者将自己的身体切成碎块，而是为了说明没有意义的事物也是没有用的。所以，他忠告每个人都要尽量让自己活得有智慧、有价值，这样的话，如果他希望能够从父亲、兄弟或者其他人那里获得器重，就不用懒散地依靠自己与他们的亲密关系，而是可以努力让自己对那些人有所益处。

指控者还说，苏格拉底选择了著名诗人最不道德的诗句，并用它们作为论据，去证明那些关于无赖汉和暴君的演说，好灌输自己的理念。指控者说，他使用了赫西奥德的诗句："做工不是耻辱，闲懒才是耻辱。"他们说，苏格拉底用这句诗，意图在于说明，人们不应该限制自己做任何事情，只要是有利可图，无论是非正义还是可耻的事都可以做。虽然苏格拉底公开表示，一份职业对于人来说是有益处的好事，而无所事事是有害的、没有益处的——确实，工作是有益处的，闲懒是有害的；但同时他认为只有做好事的人才是有职业的人，而赌博，或者从事其他有害、邪恶之事的人，都只能被称为闲懒的人，的确，这样看来，诗人的断言"做工不是耻辱，闲懒才是耻辱"就是正确的。

指控者还说，苏格拉底经常引用荷马的一段话，这段话讲到奥德修斯"无论是国王或首领，只要被他遇到，他就以这样的话语鼓励他们：'先生，你不应该像懦夫那样战栗；而是要充满勇气，让你的同伴也振作起来……’或者，如果他听到一些普通人在争吵喧闹的时候，他就用手杖打他，并斥责他说：‘伙计，安静下来，听听别人怎么说吧；无论是争论还是争斗，你都太弱了，这都不是你擅长的呀。’”

指控者宣称，苏格拉底使用这段话作为一种论据，暗指普通和贫穷的人应该被责打。但苏格拉底从没有意图说这样的事（因为在这样的情况下，他的意思就是他自己都应该挨打）；但是他也断言，这样的人对其他人来说是没有益处的，在言语和行为上都是如此，他们不能在必要时，为军队、政府或者普通大众效力。更特别的是，如果除了这些无能之外，他们还摆出傲慢的姿态，即使他们非常富有，也应该受到约束。苏格拉底也表现得和指控者所说的恰恰相反，他毫不掩饰对于普通人民的和善，与普通大众交友；虽然许多国内外的崇拜者围绕着他，倾听他的演说，但他从没有向他们收取报酬，反而倾其所有学识分享给所有人。有些人不费分文获取了这些财富的一小部分，却将它们以高价卖给了其他人，不像苏格拉底那样对普通民众很友善，而是拒绝和没有付钱回报的人交谈。

但事实上，与其他人比起来，苏格拉底为城邦所做的贡献比著名的利卡斯为斯巴达作的贡献还要出色。利卡斯的确在儿童欢舞节招待了那些到斯巴达来旅居的异乡客，但苏格拉底尽其一生精力，用他自己的学识使那些好学的年轻人受教，让那些人在离开他的时候变得更加高尚了。

因此，在我看来，像苏格拉底这样的人，理应获得尊重，而不是被城邦处死，任何一个依据法律思考这个案情的人都会认为事实就是如此。很明显，按照法律，如果一个人被证明是小偷、强盗、扒手、夜盗、绑架或盗窃神物的人，他们就应受死刑处分，而在处死的罪行中，没有谁比苏格拉底更清白了。他从来没有招致国家参与任何败仗，或者让民众引起暴动或叛乱，或者造成国家的任何损失。他从没有在私人事务中让任何人蒙受财产损失，或者让别人遭受不幸，他的工作从来没有犯罪嫌疑的污点。

那么，他怎么会遭受这些控告呢？他没有冒犯神明，不像起诉书里面所说的那样，而是对神明最尊敬的人。他没有腐化青年，这也不是起诉书里说的那样，他明显是教诲这些追随者停止了自己想要犯罪的倾向，还鼓励他们培养最纯粹和最高尚的美德，这些美德是维护家庭和国家的重要因素。那么，他的克制行为，难道不应该受到城邦的极大尊重吗？

第三章

在我看来，苏格拉底对于他的追随者所带来的益处，部分在于他自己的榜样，部分在于他的言论，为此，我将把我所遇到的事情写下来。

在所有和神明相关的事情上，他的言行显然和亚波罗神庙的女祭司对于人们的求问是相一致的，这些求问涉及了祭祀、敬拜祖先或者其他类似仪式的方式；因为女祭司的回答是，只要是以与国家律法相一致的方式行事，那就是虔诚的。苏格拉底就是这么做的，而且还建议别人也这样做，认为用不同的方式做事都是多余和愚蠢的。

而且，他向神明祈祷时，也总是简单地期望“他们赐予自己好的东西”，相信神明知道什么东西是好的；而那些乞求金银财富，或者至高无上的权力等类似之物的人，他认为和赌博、打仗等事情的祈祷一样，都是难以确定最终的结果是好的还是坏的。

当他用微薄的收入向神明献上寒碜的祭物时，他认为自己所献的，和那些拥有富足资源的人所献上的大量丰盛的祭品相比，一点也不少。他说，如果神明喜欢大的祭物而不喜欢小的祭物，那就是不恰当的，因为如果他们真的是这样的话，他们就会更喜欢坏人的祭品，而不喜欢好人的；如果坏人的祭品比好人的更受到神明的偏爱，那么人生就没有什么价值了。不过，他认为神明最喜欢的是最虔诚的人献上的祭物，并且喜欢引用这样一句诗："按照自己的财力献祭给神明。"并且，他习惯说，"按照自己的财力"是一种行为准则，并且强烈推荐在个人处世上也这么做，无论是对待朋友、陌生人，还是生活中的每一个人。

当人相信自己收到了神的指示时，他就不再会被别人说服去做违背指示的事情，就好像没有人会照着盲人的指引或者不认路的人的指点行走，人们还是会选择听从明眼人或者熟悉道路的人所说的话。他会责备那些愚蠢的人，为了逃避坏舆论而不顾神明的指示。至于他自己，他认为所有人类的预见，和神明的指引比起来，都是没有价值的。

他的心灵和身体已经习惯了这样的生活方式，如果任何人都像他这样生活的话，只要没有意外情况的阻碍，他就能快乐而安全地度过每一天，不必担心必要的开支。因为他非常节俭，以至于我怀疑，没有人的收入会不够满足苏格拉底的需要。他吃东西只要够吃就行，他坐在餐桌前准备用餐时，把食欲也作为调味的酱料。他喝什么饮品都可以，因为他只在口渴的时候喝。如果他受邀参加盛宴，他能够很容易地避免让自己受伤害，防止让肠胃负荷过度，这是大多数人很难做到的事。对于那些无法做到克制饮食的人，他建议他们不要在不饿的时候进食，不要在不渴的时候进饮，因为他认为这样的方式会使肠胃功能紊乱，扰乱大脑和心灵。他也开玩笑地说，喀耳刻就是通过提供过量的美食佳肴才把人变成猪的，不过，奥德修斯借助墨丘利的警告和自己的克制，没有过度饮食，也就没有变成猪。这是他会开玩笑说的事，但是，与此同时，他对此也是非常认真地考虑过的。

关于风流韵事，他规劝人们绝对不要与那些容貌俊美的人保持亲密关系，因为他说人们在和他们亲密的时候，就很难保持理智了。所以，当他听说克力同的儿子克利托布洛吻了阿尔西比亚底斯英俊的儿子时，他就当着克利托布洛的面，问色诺芬："色诺芬，请你告诉我，你认为克利托布洛是一个谨慎的人而不是一个鲁莽的人，是一个明智的人而不是一个轻率的人吗？"

"当然。"色诺芬回答。"可是，他现在是一个最任性、胆大的人了，甚至愿意跳入刀山火海。"

"请您告诉我，您为什么这么说？您究竟看见他做了什么才做出了这样的评判？"色诺芬问道。"倘若他不是胆大妄为的，怎么会去亲吻阿尔西比亚底斯那个极其美貌的儿子呢？""可是，事实上，"色诺芬说道，"如果你认为这是一件很有危害的事情，我想我也可能会去冒险。”“哦，你这个可怜的人儿，”苏格拉底说道，“你能想到亲吻一个美男子会招致什么样的惩罚吗？难道你期待成为奴隶而不是一个自由的人？你想花费大量钱财在有害的娱乐上吗？你会不会沉迷太深，以至于无法参与有意义或者高尚的事情？并且去追求甚至连疯子都不会去做的事？”

“哦，赫拉克雷士，”色诺芬喊道，“你把一吻的后果说得有多么可怕啊！”“你以为我说得很奇怪吗？”苏格拉底反问道，“难道你不知道，毒蜘蛛虽然不及硬币那样大，但是，只要把它的嘴贴在人的身上，就会使后者感到极大痛苦而失去知觉吗？”“当然，”色诺芬说道，“因为毒蜘蛛在咬人的时候，把一些毒物注射到了人体里面。”

“你这个傻子，”苏格拉底说道，“难道你不以为，美人在接吻时也把一些毒物注射到别人身上了？只是你没看见吧？难道你没有意识到，被人们称为‘青春美貌’的动物，比毒蜘蛛还可怕得多吗？因为毒蜘蛛只有在接触的时候才能注入毒物，而这种动物不需要接触，只要人们看他一眼，甚至是从很远的地方看他，他就注入了让人痴狂的毒物。所以，人们把丘比特称作‘射手’，可能就是因为这些美貌的人从很远的地方就可以让人受伤。但我规劝你，色诺芬，无论何时，只要看到一个美貌的人，尽快跑掉吧；而你，克利托布洛，我劝你离开一年，即使有困难，也要让你的伤口愈合！”

就这样，他坚持认为，那些容易被诱惑的人，追求情欲要有合适的方式，因为只要身体不长期想着这些欲望，灵魂也不会注意到这些欲望。至于他本人，他很明显对这样的事情是非常有节制的，不与漂亮的年轻人在一起，他比其他人更能做到这一点，而别人即使对最丑陋、最畸形的人都难免会动心。

这就是他对于饮食、情欲的意见。他认为，自己奉行自我节制所获得的满足，与那些将享乐奉为最重要的事情的人相比，并不见得少；与此同时，他也相信这让自己少了很多麻烦。

第四章

如果有人认为苏格拉底（有些人仅仅通过推测就在写作和言论中评判他）非常擅长鼓励他人有好的德行，但是他自己并不能引领别人在德行中前进，那么就让他们想想，苏格拉底用什么样的论据来反驳那些自以为知道一切的人，再想想苏格拉底提出来的问题以及和同伴每天的谈话；再判断他的能力，看看他是不是能够用自己的谈话让别人的德行更好。

首先，我要讲述一次对话，这是我曾经听到的他和绰号为“小人物”的阿里斯托得摩斯的对话，所讲的是关于神明的事。苏格拉底曾听说阿里斯托得摩斯从来都不向神明祭祀，也不祈祷或者占卜，反而讥笑这么做的人。苏格拉底对他说：“阿里斯托得摩斯，请告诉我，有没有那么一个人，由于他的才能，你很敬佩他？”“当然。”他回答。“那么，把你敬佩之人的名字说给我听听吧。”苏格拉底说道。“我很钦佩写叙事诗的荷马，写颂赞诗的是梅兰尼匹底斯，写悲剧的索福克勒斯，雕刻家波利克里托斯，以及画家宙克西斯。”“在你看来，什么是值得你钦佩的？是那些塑造了没有感觉或动作的形象的人，还是那些塑造了有感觉和生命力的活生生的形象的人呢？”“当然是那些塑造活生生的形象的人，因为活物形象不是偶然创造出来的，而是凭借智慧创生的。”“那么，对于那些不确定其存在目的的事物，以及那些明显为了有益目的而存在的事物，你觉得哪一种是偶然创造，哪一种是靠智慧创造的呢？”“当然是那些为了有益的目的而存在的事物是智慧的产物。”“那么，你难道不觉得是创造人类的神明，在最初赋予了人类一些有用的器官吗？例如，赋予人类眼睛看事物，赋予人类耳朵听声音。如果我们没有鼻子，那么气味有什么用呢？如果我们的舌头无法分辨不同的味道，那么甜、苦这些滋味又有什么用呢？难道你不觉得这是神明设计的杰作吗？由于视觉器官是如此的精细，它需要眼睑来保护，就好像门户一样，需要用眼的时候就打开来，睡觉的时候就关上；睫毛像屏风一样，防止风对眼睛的伤害；眼睛上面的眉毛就像遮檐一样，防止从头上滴下来的汗珠对它造成伤害。耳朵能听到各种声音，从没有受到充塞。所有动物的门牙都用来咀嚼，接着臼齿来磨碎。所有生物需要用来摄取食物的嘴巴，则被安排在眼睛和鼻子的附近；由于人类排泄的东西是不招人喜欢的，用来运输的肠道就尽可能远离其他的感觉器官。这样的安排，显现出如此多的设计，你还能够怀疑这到底是偶然还是智慧吗？”“当然不能，”阿里斯托得摩斯回答道，“用你这样的方式来看它们，它们的确就像是某位精巧艺术家的设计，是所有生物的祝福者。”“还有，让人类有结婚生子哺育后代的愿望，让青年有强烈的求生愿望，又极其惧怕死亡，这你又是怎么看的呢？”“当然，这些也像是本能，看似也是一些神明特意设计的，为的是让生命能够生存下去。”“对于你来说，你觉得自己是一个有智慧的生命吗？”“随便问我一些问题看看吧，我都会回答你的。”“那么，你是否也以为，除了你自己，其他地方就不存在任何有智慧的生命？众所周知，尘土是极多的，你的身体里所有的只不过是一点点而已；水体是无穷的，而你的身体里有的也只是一点点罢了。你的身体也是由无限量的元素中各种抽取微不足道的一点组成的，并且，只有这些元素的组合才能让你感觉到自己幸运地独占了世间所有的智慧，你能认为其他无穷无尽、数量浩大的生命存在，就像你说的那样，是没有任何智慧的设计的吗？”“啊，是的，这是我的看法；因为我看不到任何控制这些事物的人，而世间的工匠所创造的作品却是能够看见的。”“但是，你也看不到你自己的灵魂，虽然它对于你的身体来说高高在上。所以，根据这样的观点，你也可以断言，你并不是由智慧设计而仅仅是偶尔造就的。”阿里斯托得摩斯回答道：“但是，我并不是基于这样的考虑才轻视神明的，我只是认为他们是如此的至高无上，他们已经不需要我的任何服侍了。”苏格拉底说道：“神明如此崇高，他们眷顾你，正是出于这个原因，你难道不应该愈加尊重他们吗？”“请放心吧，”阿里斯托得摩斯回答道，“如果我知道神明是关怀人类的，我就不会忽视他们。”“那么，你认为神明是不关怀人类的吗？首先，在所有生物中，他们只把人类创造成直立的，这样，人类就能够向前看得更远，并且能更容易注视上面的东西，让眼睛、嘴巴、耳朵这些部位少受伤害。其次，神明只赋予其他动物前行的脚，并且这些脚是它们唯一前进的工具，而对于人类，神明则又赋予了我们双手，我们用双手创造了很多产品，让我们比其他动物获得了更多福祉。而且，虽然其他动物也有舌头，但是他们只对人类赋予了这样一种天赋，那就是能够让舌头接触嘴巴的这个部分或是另一部分，从而让人们能够调整声音，辨识彼此之间不同的需要。还有，其他动物的性交都被限定在一年中的某些季节，而人类的性交则可以一直延续到老年。可是，神明还不满足于仅仅关注人类的身体，更为重要的是，他还将最为重要的精华——他的灵魂植入人类身体。请你先想一想，还有其他什么动物的大脑能够参透神明存在这样一个事实，神明就是如此巨大而杰出系统的形成者呢？并且，除了人之外，还有其他什么物种能比人类更好地抵御冷热、饥渴，减轻疾病，增进体魄，求学赐教，或者记住所见和所听的事呢？因此，人类在身体和灵魂上都生来就超越了其他动物，就像神明一样度过一生，这对你来说难道不明显吗？因此，没有一种具有人类的感觉却只有牛的身体的动物能够完成所愿；也没有一种具有人的双手却没有人的智慧的动物能够获得益处。你享受着这么好的优势，难道竟会觉得神明没有眷顾你吗？神明到底要怎么做才会让你相信，他们确实是为你考虑的呢？”阿里斯托得摩斯回答：“如果神明能够过问（像你所宣称那样，传达给你）我，指导我该做什么、不该做什么，我就一定会这样想了。”苏格拉底问道：“那么，当雅典人用占卜的方式求问神明的时候，难道你认为他们没有给你指引吗？或者说，当神明用预兆来指示希腊人或者全人类时，你觉得他们把你单独当成例外，将你放置一边，不加理会吗？并且，你认为神明如果没有让人们认为真的得到福祉或者祈祷得到灵验，那么人们还会对他们产生信念吗？况且，如果人类世世代代都受到这样的欺骗，难道就从没有发现过吗？你难道没有发现这样一个事实吗，最古老、最明智的人类社会，不论是城市还是国家，都是最尊敬神明的，人类一生中最懂得反省的时期不也是最虔诚信仰的时候吗？”

“我的好朋友，你应该懂得，”苏格拉底继续说道，“你的灵魂安居在身体里，让后者随着自己的意志行动，所以，你也应该相信，智慧存在于人类，指导人类适宜地生存；你不应当相信，你的视野能够绵延至数公里，而神明的眼睛却不能一眼看到整个宇宙。你也不能认为，你的灵魂能够预想到发生在家里、埃及或西西里的事情，神明的智慧却不够同时预见到所有的事情。此外，你会发现，如果你关心人们，他们也会回报你的关心；如果你施恩于他们，他们也会报以恩惠。通过与其他人沟通，你会发现谁是聪明的人；所以，对于神明来说，你也可以做试验，看看如果你敬拜他们，他们是否会把那些向人隐藏的事情告诉你。你会发现，神明具有如此惊人的能力，他们能够同时看到、听到一切事情，他们无处不在，同时关注着任何事物。”

所以，在我看来，由于苏格拉底说的这些话，让那些和他交往的人控制住自己，没有做出不虔诚、不公正或不光彩的事情，不仅在人们看着的时候是这样，在独处的时候也是这样。因为他们总会有这样一个想法，那就是他们所做的一切，都逃不过神明的注意。

第五章

如果自我克制的确是一种高尚而可敬的品质，那么让我们看看，苏格拉底在提起它的时候，是否鼓励人们这么做。他是这样说的：“我的朋友们，如果我们要奔赴战场，并且必须挑选一名将领，在他的指挥下，我们才最有可能保全自己、打败敌人，那么，难道我们应该任命一位我们明明知道他不能抵制贪食、酗酒、色欲、疼痛或者困倦的人吗？我们怎么可能认为屈服于这些欲望的人能够带领我们克敌制胜，获得安全呢？或者，当我们临终时，想要把自己的儿子托付给人教养，或者把我们未出嫁的女儿托付给人照料，或者把我们的财产进行托管避免被挥霍，难道我们会觉得一个没有节制的人能够做好这样的事情，得到我们的信赖吗？又或者，我们会把我们的羊群、财产或者生意上的管理交代给一位没有节制的仆人吗？即使不需要花一分钱，我们愿意雇用这样的仆人做我们的管家或采购者吗？不过，如果我们都不愿意雇用一位不能自制的仆人，那么，每个人避免这样的缺点岂不是更义不容辞的事吗？我们不能像贪得无厌的人那样，通过掠夺别人的财产来获得财富。一个不能自制的人，当他损害别人时，自己的情况也没有变得更好，而是既损人又损己；至少，我们可以承认，这样做不仅毁坏了他的家庭，还损害了自己的身体和灵魂，他做的事其实是最大的坏事。并且，如果在社会上，谁会喜欢一个贪吃好饮胜过与朋友交谈，更喜欢娼妓而不是同辈友人的人呢？我们不应该认为，每个人最基本的美德就是节制，而且应当是灵魂最先形成的美德吗？有哪一个人，没有自制就能养成良好的品行，或者把它付诸实践的呢？有哪一个贪图娱乐的人不是在身体和灵魂上都处于不良状态的呢？我敢对着赫拉女神起誓，我认为一个自由的人，应该向神明祈祷，让他不会雇用一个没有节制的仆人，而任何贪恋肉欲的人也应该祈祷神明，让自己遇到指导自己德行的老师；因为只有这样，这个纵欲的人才会有希望得到拯救。”

苏格拉底是这样说的，更是这样做的。因为他不仅克制自己肉体上的愉悦，还克制自己对于金钱的欲望；他认为，任何收取金钱的人，无形中给自己设置了一个主人，让自己屈服于奴隶的地位，比世间的任何人都要低贱。

第六章

苏格拉底和诡辩家安提芬的对话也值得我们记录，不能忽视。

有一次，安提芬想怂恿苏格拉底的门徒离开他，就当着他们的面，对苏格拉底这样说："苏格拉底，我认为研究哲学的人一定会更快乐，但是，我看你却获得了一个相反的结果，至少，你表现出来的生活方式是这样的，在这种相似情况下，连一个奴隶都不会继续服侍主人了。你的食物和饮品都是最差劲的那种，你不仅穿着破烂，还不分夏天和冬天，穿着同样的外套，总是不穿鞋、不戴帽。此外，你还拒绝收取金钱，一般人拿到钱都会开心，金钱也让他们能够更自由和幸福地生活。所以，如果你像其他传授职业的教师那样让学生模仿自己，你对你的追随者也这么期待，那么你不得不将自己看成是一个教授不幸的老师了。”

对于这些话，苏格拉底回答道：“安提芬，在我看来，你似乎相信我的生活是如此糟糕，以至于我认为你宁可死，也不想过我这样的生活。那么，就让我们看看你所认为的我生活中的这些不幸吧。别人收取了钱财，才有义务为那些付钱的人完成任务，而我则相反，由于我没有收费，所以没有必要向那些我不喜欢的人讲授，这算是不幸吗？你发现我的食物不如你的健康、有营养，是不是就是我的生活方式有问题呢？或者，是不是我获得饮食要比你难得多，成本更贵、花费更多呢？可能，是不是因为你为自己提供的食物，相较于我所获得的食物，更适合你自己呢？你难道没有意识到，最甜美的食物最不需要调味品，喝最舒适的饮品就不会渴望获得自己所没有的其他饮品吗？你知道，那些人更换外套是由于气温的变化，那些人穿鞋是担心伤到脚而不便行走，但是，你什么时候听过我因为寒冷而更想躲在家中，或者因为酷热而与别人争夺阴凉之处，或者因为担心伤到双脚而不往我想去的地方走呢？你是不是忽略了这样一个事实，那些天生体弱的人，通过锻炼身体变得强壮了，和那些忽视锻炼的人比起来，他们会更容易忍受这种锻炼所带来的疲惫？难道你不认为，一个无论发生什么都能经受身体伤害的人，会比你这样不习惯受到伤害的人更不会觉得不幸吗？并且，你不认为，一个不被食欲、睡眠或者肉欲所奴役的人，任何事情都是对他很好的刺激，而不致使他偏向于寻找其他刺激，事实上，他会认为当自己需要的时候，任何事物都足以令他愉悦，还会让他产生希望，觉得这些事物会永远给他带来助益吗？至少，你知道，任何绝望于无法成为任何方面专家的人，永远不会开心；但是那些认为自己在农业、航海或者从事的任何其他职业上有所进展的人，会为自己的成功感到高兴。但是，你认为来自这些方面的满足，能够比意识到自己变得更好，获得更多有价值的朋友而获得的满足更大吗？而这就是我一直意识到的快乐体验。

“不过，在我们被召唤为自己的朋友或者国家提供积极援助的时候，像我这样生活，与像你非常推崇的那样生活的人，这两种人中哪一种会有更多的时间去做呢？在战争中，没有奢华花费就不能生活的人和随遇而安、容易满足的人，这两种人中的哪一种会更乐意奔赴战场呢？在攻城时，很难对所获得的生存资源感到满足的人和满足于唾手可得生存资源的人，哪一种人坚持的时间会更长呢？安提芬啊，你好像认为，幸福存在于奢侈繁华的消费中，但是，我的观点是，就像神明无欲无求那样，人类满足于越少的事物，就越会像神明那样；神性是最完美的，所以最接近神性就最接近完美了。”

还有一次，安提芬在谈话中和苏格拉底说：“苏格拉底，我相信你的确是个正直的人，但你绝对不是一个明智的人。并且，我觉得你自己也是这么想的，因为你从未向那些找你寻求建议的人索取过费用。然而，如果你拥有一件外套、一幢房子或者其他你认为值钱的物品，你就不会免费给别人，也不会以低于它的价格卖出去。所以，如果你觉得参加你的讲演有任何价值的话，你就会要求获得相应的报酬。因此，你就是一个正直的人，因为你没有为了增加自己的财富而欺骗大众，但是，你绝不是一个明智的人，因为你的智慧看起来毫无价值。”对此，苏格拉底这样回答：“安提芬，一般人和我们一样相信，对于美貌和智慧的处理，既可出于道德的意图，也可出于邪恶的目的。我们把那些愿意拿自己的美色进行钱财交易的人看成娼妓；但如果一个人去接近正直高尚的人，我们认为他是一位明智的人。同样，我们将那些愿意出卖智慧赚钱的人称为‘诡辩家’，好像他们出卖了自己的智慧；但是，一个人如果将自己所知道的一切都教授给一位他认为是有才德的朋友，那么我们认为他是一位善良而有价值的社会成员。对我来说，安提芬，就像其他人喜欢马、狗或鸟，我个人始终更喜欢结交有价值的朋友；并且，如果我知道什么是好的，我就会教授给他们，还会介绍给任何人，我认为这些事情能够使这些人在追求德行时得到帮助。古代智者在其所著的书中给我们遗留下来的财富，我也会在我们的阅读课上精读，遇到任何好的东西，就把它摘抄下来，并且觉得如果通过这样的研究，我们更好地帮助了彼此，就是一个很大的收获。”

听到他说这些话，我认为苏格拉底不仅本人是幸福的，而且他也引导那些听了他的话的人走到了美好和光荣的大道上。

又有一次，当安提芬问苏格拉底，如果自己从未涉足政事，他又怎么能够让别人成为政治家，即便他确实懂得政治。苏格拉底询问道：“那么，通过什么方式能够让我对于政事有最大的作用呢？是独自一人专心从政，还是培养尽可能多的、有能力参与政治的人呢？”

第七章

让我们想一想，苏格拉底通过劝阻自己的追随者不要骄傲自大，是不是能够鼓励他们培养德行。

他常认为，获得好名誉最可靠的方式就是在自己的专长上成为能力杰出的人。为了证明他的观点是正确的，他讲了以下这些话：

“让我们想一想，如果一个人不是优秀的笛子演奏者，却想要表现出自己擅长于此，什么是他必须做的，难道他不应该模仿那些真正优秀吹奏者的外在表现吗？首先，后者装备精良，走到哪里都簇拥着一大群随从，所以，这也是前者必须做的。其次，由于很多人都为后者喝彩，所以前者必须找到很多人为他喝彩。不过，他一定不能表演，因为如果他这么做，人们就立刻知道，他是一个可笑的假装者，不仅是糟糕的吹奏者，还是一个狂妄的吹嘘者。这样，在花费了很多钱财之后，还没有带给自己任何好处，除此之外，还得到了一个坏名声，他怎么能够摆脱掉一种不舒适、无价值且被人耻笑的生活呢？

“所以，同样，如果一个人不是一位有本领的将军或熟练的领航人，却想要变成这样的人，让我们想想他的情况会是如何。如果他想要让其他人认为自己在这些方面有能力，却无法让别人信服他适合干这些事，这难道不是他的一件麻烦事吗？而如果他能够让别人信服了，是否反而是更不幸的一个情况呢？因为，显然地，如果他被任命去驾驶航船，或者指挥军队，他不知道怎么做，不仅会损害那些他不愿意去损害的人，还会让自己遭受耻辱和惩罚。”

他还以类似的方式证明了这样一个事实：一个不富有、不勇敢或者不强壮的人，如果想变成那样的人，是没有用的，因为他认为，他们的要求已经远远超过了他们本身的条件，等他们发现自己无法遵从应该遵从的需要时，人们不会让他们有任何借口狡辩。

他也将那些用欺骗人们的方式错误地估计自己，并掠夺人们金钱财富的人称为骗子，但是，他又说，最危险的骗子，就是想想都没有资格，却用欺骗的方式让人们相信他能够担当一国之君的人。

在我看来，他通过这些言论，尽力做到让他的门徒避免夸耀。

第二卷

第一章

在我看来，苏格拉底也用类似的谈话劝诫他的门徒在贪食、贪饮、性欲、睡眠、冷热和疲劳等方面都要实践自制。当他知道自己的一个追随者在这些事情上没有节制时，他说："请告诉我，亚里斯提卜，如果你必须负责教育两个年轻人，其中一位要成为全国人民的合格统治者，另一位甚至没有统治别人的意愿，你会用什么样的方法对他们分别进行教育呢？我们是不是要从他们的食物开始说起呢？"亚里斯提卜回答道："当然，我认为食物是个合适的开始，因为没有人不摄取营养就能生存下去。""那么，当吃饭时间到了的时候，他们两个人都会有进食的需要了？""毫无疑问。"亚里斯提卜回答。"这两个人中哪一个人是我们应该施加关注，并且让他认为要处理的事务比满足他的食欲更重要呢？”“毫无疑问，当然是那个要被教育成统治者的人，这样，他在管理时才不会忽略掉国家事务。”“当他们想要喝水时，抵抗饮水欲望的任务也要强加给同一位年轻人吧？”“当然。”亚里斯提卜回答道。“这两个人中哪一个应当限制睡眠，好让他能够晚睡早起，甚至当需要保持清醒时，不用睡觉？”“当然也是同一个人。”亚里斯提卜回答道。苏格拉底又问道：“这两个人中，我们应该教育哪一个人控制性欲，好让他不被过度的纵欲影响执行必要的事务？”“也是同一个人。”亚里斯提卜回答。“这两个人当中，我们应该要求哪一个人不要躲避劳作，而是愿意忍受？”“同样，是那个我们要去教育成统治者的人。”“这两个人当中，哪一个需要获得教育，好让他们更好地知道如何战胜自己的对手？这些知识哪一个人拥有会更合适呢？”亚里斯提卜回答：“毫无疑问，当然也是那个我们要教育成统治者的人，因为没有这样的知识，所有其他的要求也会变得没有用处。”“那么，你认为一个受过这种教育的人，不会像其他动物一样会轻易成为敌人的手下败将了吗？因为有些动物，由于贪婪而被捕获，而且有很多其他的动物，尽管很胆怯，但还是在饥饿的驱使下被引诱、抓获，而其他一些动物，还会由于口渴被抓到。”“这的确是对的。”亚里斯提卜说。“还有一些动物，比如鹌鹑和鹧鸪，当听到雌鸟的声音时，就被性欲冲昏头脑，期待着一时的愉悦，结果忘记了危险，坠入陷阱，是这样吗？”亚里斯提卜也同意这一点。“那么，在你看来，一个人像那些最没有头脑的动物那样，被同样的欲望降服，难道不是很可耻吗？就好像一个奸夫，尽管知道奸淫会受到法律的惩罚、会被埋伏、被捉到会被痛打，但是他们还是溜到不能进去的妇女的房间。尽管有如此多的痛苦和耻辱会发生在奸淫者身上，他也有很多方法可以避开这些肉欲的诱惑，但是，他还是选择臣服于这种巨大的诱惑。你难道不觉得，人的行为完全受一些邪恶本性的影响吗？”“我当然是这样想的。”亚里斯提卜回答道。“并且，事实上，人生中最重要的一些事是在露天做的，例如战争、农业和许多其他同样重要的事，难道你不觉得，有这么多的人没有受过训练去忍受冷热，这是一种很大程度的疏忽吗？”同样，亚里斯提卜对此也表示了同意。“那么，你不觉得我们应该训练要成为统治者的人毫不退缩地去忍受这些吗？”“当然了。”亚里斯提卜回答。“所以，如果我们将这些在所有方面都能够控制自己的人称为能够统治的人，那么，我们，是不是应该把那些不能够这么做的人归类为完全没有机会成为统治者的人呢？”亚里斯提卜也对此表示认同。“好了，那么，既然你知道这些人应该属于什么类型，你曾经思考过自己应该放在哪一类呢？”“我确实考虑过，”亚里斯提卜回答，“我从未把自己放在想要统治别人的那一类，因为在我看来，仅仅为自己的生活准备必需品就已是困难的任务了，更别说忙于为国家的民众提供一切必需品，而不是满足自己的需要。一个人得不到自己想要的东西，却承担着管理国家的任务，从而因无法为国家人民提供所有需要的东西而遭受谴责，这难道不是很愚蠢吗？因为民众认为利用统治者是合理的，就像我利用奴仆，要求我的仆人为我提供我所需要的东西，但不能为他们自己做事。同样，民众认为利用自己的管理者也是对的，管理者要提供尽可能多的益处，而自己不能享用。因此，我应该认为，那些愿意致力于参与自己和别人的繁杂事务的人，当他们受到我们所说方式的训练，就能适合统治，这是列于其他人之上的。我把自己列为那种尽早、尽可能快乐地度过一生的人。”

接着，苏格拉底问道：“你是否会介意再想想这个问题，是什么让我们有一个更快乐的生活，是统治别人，还是被统治？”“一点儿也不介意。”亚里斯提卜回答道。“首先，对于我们熟悉的民族，波斯人统治了亚洲，叙利亚人、弗吉尼亚人和吕底亚人都是被统治的。在欧洲，斯库泰人是统治者，马俄太人是被统治的；在非洲，迦太基人是统治者，利比亚人是被统治者。你觉得这些人中，哪些人生活得最快乐呢？或者拿你所属的民族希腊来说，谁看起来是生活最幸福的人呢——是掌握最高权力的人，还是那些被统治的人呢？或者就拿以你自己为一分子的希腊人来说，你想是统治集团的人生活更幸福呢，还是被统治的人生活得更幸福呢？”亚里斯提卜回答道：“但是，我并不认为自己是受统治的，虽然我也不是统治阶级的一员，因为在我看来，我愿意努力走一条处于两者中间的路，避免至高权力的统治或是受制于他人，这是通向幸福之路。”苏格拉底说道：“如果你说的这条路，既没有上层权威，又没有奴役，确实也能够让所有人都相连，那么，你的话就是对的。但是，如果你在一群人中生活，你拒绝统治或被统治，反对向统治权力屈服，我就认为你会看到，强者有什么样的方法，在公共生活和私人生活上把弱者当作奴隶处置。你难道没有发现，当有人播种和栽培、砍伐庄稼和树木，攻击弱者和那些比他们贫贱的人，每次都是如此粗暴，以至于最终弱者宁可成为奴隶，以避免与强者相争？难道你不知道，在私人生活中，强者通过奴役弱小者从而收获他们的劳动果实吗？”“我知道，”亚里斯提卜回答道，“但是，对此，我为了不受到这样的惩罚，我不打算让自己被一个城市束缚，只能到处游荡。”然后苏格拉底说：“好极了！你确实作了一个很好的决定，因为现在既然辛尼斯、斯喀戎和普罗克汝斯忒斯被杀害，就不再有人伤害旅行者了！不过，国家领导们仍继续在一些国家制造法律，以防止自己受到伤害，除了有所谓‘党羽’的人辅佐，他们还结交了其他的朋友。他们围绕着自己的城市建造堡垒，配备武器以抵御那些想要来侵犯的人，此外，除了这些各种各样的安全措施，他们还向外缔结同盟者。但是，尽管有了全部防御，他们还是被攻击了。所以，你没有类似的保护措施，却花很多时间在街上闲逛，而很多人都在那条街上遇害，当你恰巧进入一个城市时，你比居民更没有力量，而在这样的处境下，你这么做就容易被歹徒袭击，我说，难道你认为自己是个陌生人就可以免于受难吗？或者，你是否信赖自己能够免于危险是由于这样一个事实，那就是这些城市承诺每一个人都能在到达和离开时保证安全？或者，如果你被抓获，你对你的主人毫无用处，因为没有人愿意将一个不能干活、贪图盛宴的人供养在家里做奴隶，你会这样认为吗？让我们再想想，主人会怎样处置这一类的奴隶呢？难道他们不会用让奴隶挨饿的方法来抑制他们的动物习性，用使他们够不到的方法防止他们偷盗，在任何地方都用锁链把他们锁起来，以防止他们逃跑，鞭打他们来驱赶他们的惰性吗？当你听说自己的奴仆犯了这样的错误，你又是怎么做的呢？”“我会惩罚他们，”亚里斯提卜回答，“直到我迫使他做好奴仆的工作。但是，苏格拉底，请你告诉我，你所认为幸福的那些统治者，生来就要学习管理的艺术，他们和这些被迫忍受困苦的人有什么不同？因为他们也遭受了饥渴、冷热、疲劳，而且是自愿接受这种类似的痛苦。在我看来，因为同样的体肤，不管他是自愿还是被动挨打，反正是受到了鞭挞，受到了这些痛苦，我没有发现有什么不同，除了只有傻子才会心甘情愿地自找麻烦。”

“那么，亚里斯提卜，”苏格拉底问道，“你难道看不出自愿忍受这类痛苦的人和不自愿的人是不一样的吗？因为自愿控制的人可以在想要的时候进食、喝水，做其他事，但是被迫需要克制这类欲望的人，无法随自己的意愿停止这种痛苦。此外，自愿受苦的人这么做是出于对快乐的期待，就像野外打猎的人为了捕获而忍受劳累。的确，这种劳作的收获价值甚微，但是，对于那些期望努力保全有价值的朋友、打败敌人，或者通过鼓舞自己的身体和灵魂来恰当地管理家庭事务、为国家做贡献、对朋友有用的人，你怎么能够认为他们无法用他的辛苦换来愉悦，或者他们不能心安理得、幸福地生活，并且不能成为别人尊敬和效仿的对象呢？况且，一时愉悦的懒惰和放纵，既不能有助于保持身体的健康，让它保持体育训练员所说的活力，也不能给心灵带来任何称得上有价值的知识，但是，认真的训练，加上耐心的忍耐，让人们能够沿着美德和正直的道路前行，就好像高尚的人所定义的那样，也是赫西奥德在某处所说的那样：‘恶习到处横行，谎言不加掩饰。你容易通往这样的方向，可随手操控。但是，在美德的神殿之前，不朽的神明却安置了辛苦困顿。开始，通向它的道路漫长、崎岖而艰险；但是到达顶峰时，曾经困难的事都变得容易了。’

“埃庇卡摩斯在下列诗句中也证明了相同的事实：‘神明将所有要获得的幸福安排给了劳作。’

“在另一处他还说道：‘可怜的愚人啊，不要寻求轻松，以免你反而得到痛苦。’

“诡辩家普罗狄克斯在他关于赫拉克雷斯的论文里（他向大多数门徒讲述这篇论文），也做出了关于美德的相同言论，据我记忆，他说的话如下：他告诉我们，当赫拉克雷斯从儿童长成青年时（在青年阶段，他们成为自己的主人，并思考是通过德行还是恶行进入生活），走到一个安静的地方，坐下来决定他应该遵从哪一条道路。有两位仪表出众的妇女走向他，一位面容可人，举止端庄，自然典雅，目光谦逊，穿着洁白的衣服；另一位因饮食过度而显得特别肥胖，打扮得很漂亮，面色看起来比她自然的面色更白更红润，她的身材也显得高大，眼睛故意睁得很大，穿着显得风情万种，当她打量自己的时候，似乎一直在观察其爱慕者，并常常顾影自怜。当她们接近赫拉克雷斯的时候，第一位妇女仍然以同样的速度向前走，另一位妇女却想要超过她，跑在她前面，说：‘赫拉克雷斯，我看你正在犹豫选择哪条路进入生活，现在，如果你把我作为朋友，我会让你沿着最舒服、最顺心的路行走，你能够尝尽所有的甜头，不会经历任何不愉快。首先，你不会费尽脑子去想战争和政事，而是消磨时间，想想吃些什么、喝些什么才对你的胃口，看些什么、听些什么能让你心情愉悦，闻闻香味、摸摸什么才能满足你的感官，怎样睡才最舒服，而且，你不用花很多心思就能得到这一切。如果你在任何时候产生了这样的欲望和想法，我都能让你不通过身体、大脑的劳顿就能获得，你也不必用身体或心灵的付出来获得这些东西，而是可以用其他人获得的果实，不必克制自己钱财的来源，因为我会让追随者有权力用一切手段让自己获益。’听完这些话，赫拉克雷斯问道：‘女士，请问你叫什么名字？’她回答道：‘我的朋友把我叫作幸福，但我的敌人，诋毁我，把我称为恶行。’

“接着，另一位妇女走过来说：‘赫拉克雷斯，我也来和你谈谈。我叫德行，我和你的父母熟识，知道你小时候接受的教育。所以我怀着这样的希望，如果你朝着我的住处方向走，你将会成为杰出、受人尊敬的人，我也将因你的高尚品行而显得更加崇高。然而，我不会用甜言蜜语向你承诺任何快乐，我会真诚地告诉你面前的事实，这些都是神明规定的。神明赐予人类的东西，都是辛勤劳作换来的。所以，如果你想获得神明的慈悲，你必须敬拜他们；如果你想要朋友的爱，你必须有益于他们；如果你渴望城邦人民的尊重，你必须对他们付出；如果你想要靠自己的德行成为所有希腊人民崇敬的人，你必须努力为希腊效力；如果你想要从大地上收获丰富的果实，你必须耕耘；如果你想要用羊群赚得钱财，你必须悉心照料；如果你想要通过战争发展力量，对抗敌人，为朋友争取自由，你必须从那些精通此道的人那里学习战争的艺术，并且也必须合理地利用它们；如果你想要身体强壮，你必须让它服从大脑的安排，辛勤地锻炼和训练。’

“这时恶行打断她说道（按照普罗狄克斯所说）：‘赫拉克雷斯，你看到了吗，这个女人说的通向快乐的路是多么崎岖漫长啊，和她比起来，我引导你通往快乐的路是多么顺畅，多么快捷啊。’

“‘可怜的女人！’德行大呼，‘你拥有什么快乐幸福呢，你获得过什么实质上的快乐呢？看看你自己吧，你都不愿意付出辛劳获得它们。你甚至不会等待对美好事物自然产生渴望，而是用各种混合物填充自己，在饥饿之前进食，在口渴之前进饮，琢磨着怎样烹饪食物，讲究买高价的酒，在夏天到处寻找冰雪以获得凉爽。为了睡得舒服，你不仅配备了床，还做了沙发靠垫，好让自己能够躺在上面；你睡觉不是因为经历了劳作，而是因为没事可做。你用各种方式不适时地满足性的欲望，将男男女女作为满足欲望的工具；你把朋友影响成为夜晚的浪荡子，而在一天最有用的时候，却游手好闲。你虽然是不朽的，却遭到神明的排斥，为好人所不齿。你从未听过最美的声音——对你的称赞，也没有看见过自己亲手付出的真实的劳作。谁会相信你的话，帮助你满足自己的欲望呢？只要是有点儿理智的人，有谁会冒险加入你那纵欲的队伍呢？因为那些这么做的人，即使在年轻的时候也是身体孱弱的，到了老年，心灵也会虚弱。年轻时游手好闲、娇气柔弱，他们的老年就会变得极其悲惨，一方面，会为过去做过的事感到羞耻，另一方面，又被还未完成的事拖累，因此，早年耗尽了所有的愉悦，迟暮之年则遭遇困顿。但是，我是神明和好人的伴侣，没有我，神和人都做不出杰出的事。我在神明和人类中也是那些想要养成德行之人最为尊重的。我受工匠喜爱，被视为得力助手，是一家之主的忠实守护者，是奴仆的护佑者，是和平的积极拥护者，是战争中最好的同盟，是友谊最好的伙伴。此外，那些珍惜我的人都能享受他们的食物和饮品，不用对此附加任何不必要的负担，因为他们不需要的时候不会吃吃喝喝。并且，他们比那些懒人休息得更好，从不受睡眠的需要困扰，也不会忽略过度睡眠的控制。青年喜欢得到老年人的夸奖，老年人喜欢得到青年的尊敬。他们满意地回顾自己的过去，高兴地从事当前要做的事，并从实际的收获中获得喜悦。通过我的激励，他们得到了神明的宠爱、朋友的珍惜，以及国人的爱戴；当大限来临之时，他们不会毫无尊严地归于沉寂，而是留在人们心中，永远受到人们的歌颂。哦，赫拉克雷斯啊，你有杰出的父母，如果你用这样的方式向前走下去，你也能够为自己赢得最长久的幸福。

“普罗狄克斯所述的关于赫拉克雷斯受到德行教诲的故事大致就是以上这样；但是，他的叙述比我的辞藻华丽。所以，亚里斯提卜，你要想想这个寓言故事，好好想想，你在有生之年要做什么样的事。”

第二章

有一天，苏格拉底听到他的大儿子兰普洛克勒斯对他的母亲发脾气，就说："儿子，告诉我，你知不知道有一些人被称作忘恩负义的人？"年轻人回答："我当然知道。""那么，你了解他们为什么得到这样一个名声吗？"兰普洛克勒斯回答："我知道，人们称这些人是忘恩负义的人，那是因为当他们接受善意的付出后，虽然他们必须给予回报，但是他们没有这么做。""那么，在你看来，忘恩负义的人可以被归类为不正义的人吗？"他儿子回答："是的。""你想过没有，我们奴役朋友被认为是不正义的行为，奴役敌人却是正义的，所以，同样的道理，我们对朋友忘恩负义是不正义的，对敌人忘恩负义却是正义的，是这样吗？"兰普洛克勒斯回答："绝不是这样，一个人获得恩惠，无论是来自朋友还是敌人，如果给予回报，在我看来都是正义的。”“那么，如果真的是这样的话，忘恩负义就是最大程度的不正义吧？”年轻人表示同意。“那么，一个人获得的恩赐越大，如果不予回报，他就越不正义吧？”对此，兰普洛克勒斯也表示同意。

苏格拉底接着说：“那么，我们看看，有谁从别人那里受惠会比孩子从父母那里的受惠多呢。父母把孩子带到了世间，尽可能让他们看到这么多美好的景象，为他们向神明祈祷福祉，对我们来说，享受的福气是如此珍贵，是我们不想失去的，所以，国家对这种最严重的罪行施行死刑，是因为忘恩负义的人不害怕其他刑罚，如果不是采取这样重大的刑罚，他们的不正义行为就无法被压制。

“当然，你不会觉得人们生孩子是因为肉欲的满足，因为大街上、妓院里有很多纵欲的机会。但是，为了生小孩，我们显然会考虑哪一种女人更可能为我们带来最好的孩子，我们就与她们结婚生子。一方面，男人养活家人，尽可能多地为子女提供他认为可以为他们的生活带来福祉的东西。另一方面，女人受孕，冒着危险忍受所有痛苦，她提供自己身上的营养给孩子，怀胎负重，最后在极大的痛苦下生出孩子，尽管没有获得任何好处，婴儿也不知道是谁这么关爱自己，不知道自己想要什么，她还是珍爱他，哺育他。她会判断什么对孩子是最好的，能让他获得最大的满足，尝试满足他，长时间哺育他，并且日日夜夜都耐心地为他擦屎擦尿，却不知道所有的关爱会得到什么样的回报。父母不仅考虑给孩子足够的生存保证，还在他们认为孩子能够学习的时候，教给他们生活中有用的知识；只要他们觉得有人能够更好地教育孩子，他们就花钱把孩子送过去，尽其所能要把孩子培养得尽可能完美。”

对于这些话，年轻人这样回答：“尽管我的母亲做了所有的这一切，甚至更多，但是谁能忍受她暴躁的脾气呢？”苏格拉底问道：“那么，野兽的凶暴和母亲的脾气，你觉得哪一个更难忍受呢？”兰普洛克勒斯回答道：“是母亲的脾气，至少是我的母亲。”“那么，她曾经咬过你，或者踢过你吗，像很多野兽伤害人那样伤害你吗？”他儿子回答道：“啊，她没有。但是，全世界都不想听她说的话。”苏格拉底说：“你难道忘了，从你儿童时期的一言一行开始，你带给母亲多少烦恼吗？你让她每日每夜照顾你，生病的时候又让她焦虑。”“但是，我从没有说过或做过让她羞愧的事啊。”苏格拉底反驳说：“那么，一个演员在表演中忍受其他演员的谩骂，和这个比起来，听母亲的念叨会更难吗？”兰普洛克勒斯说：“但是，我认为演员不会在意这样的谩骂，因为他们觉得这些对话既不是说话者想要表达恶意，也不是想要伤害自己。”“既然你知道这一点，那么，你的母亲不管对你说什么，难道不是出于对你的幸福的关心，而不是带有恶意的吗？难道你感到恶意了吗？或者你觉得母亲对你怀有恶毒的想法？”年轻人回答：“不是的，我当然不会这么想。”接着，苏格拉底说：“但是，她对你这么好，在你生病时给你最好的照顾，好让你恢复健康，让你得到你想要的一切，还会向神明祈祷，为你还愿，你难道还觉得她是一个严苛的人吗？我的想法确实是这样，如果你不能忍受这样的母亲，你就不能忍受其他的好事。但是，请你告诉我，”苏格拉底继续说，“你是不是觉得自己不应该对任何人表示关心，或者你没有打算去试着取悦任何人，也不想遵从军队的将军或其他统治者呢？”“啊，这不是我的想法。”兰普洛克勒斯回答。“那你愿意讨邻居喜欢，在你需要的时候为你点火，帮你做好事；或者，如果你遭遇不幸，会给予你及时而真心的帮助吗？”“我愿意。”他儿子回答。“再有，如果你遇到一位旅人或者航行者，或者其他通行的人，他是否成为你的朋友或敌人是有区别的吗？你认为求得这样的人的善意是值得的吗？”“我认为是这样的。”他说。“那么，既然你愿意关注这样的人，为什么你对母亲却没敬意，她可是比其他人更爱你啊。你难道不知道，国家对其他任何形式的忘恩负义都不重视，既不会起诉他们，也不管那些人是否知恩不图报；但是，如果有人忽略了对父母应该有的尊重，国家就会惩罚他，不让他担任领导，因为这样的人不会履行应有的职责，不会为国家做出光荣的牺牲，也不会以崇高和正义的原则行使权力。并且，如果一个人没有为去世的父母修墓，国家也会作调查，考虑这个人参选领导人的资格。所以，我的儿子，如果你是明智的，就会请求神明原谅你对母亲的忽视，以防神明因你的忘恩负义而不愿意眷顾你。你也要尊敬别人的想法，如果他们发现你轻视自己的父母，他们会鄙视你，你也会因此被公众抛弃；因为如果人们认为你对父母缺乏感恩，没有人会相信你会回报他们的任何善意。”

第三章

有一次，苏格拉底听到查勒丰和查赖克拉泰斯，他熟识的这两兄弟在争吵。当他遇到后者时，说："查赖克拉泰斯，告诉我，你确实不是那种将财富视为比兄弟更重要的人，是吗？财富是没有知觉的，兄弟却有感情；前者需要保护，后者则可以提供保护；此外，财富可以有很多，兄弟却只有一个。也有这样的奇怪情况，一个人因为没有拥有兄弟的财富，就把他视为累赘，同样，他因为没有拥有居民的财富，就把他们视为妨害者。不过，对于后面这种情况，他可能会说，在众人中间拥有小部分财产生活，比起拥有所有居民的财富来得安全；然而，对于兄弟的情况，人们就不这么想。也有人会这么做，他们雇用奴仆为他们办事，结交朋友以求得同盟；但是他们忽略了自己的兄弟，他们能够和其他人成为朋友，和兄弟却不能。但是，兄弟们拥有同样的父母，一起长大，应当更能够成为朋友，因为即使一起养大的野兽之间也会有一种情感。而且，人们也更尊重那些有兄弟的人，更不可能去侵犯他们。”

查赖克拉泰斯说：“但是，如果我和兄弟之间的分歧很小，我可能应该忍受我的兄弟，不要在琐碎之事上烦扰他，因为就像你观察到的那样，兄弟如果有兄弟的样，应该是一笔财富。但是，我的兄弟没有做他应该做的事，而且各方面都恰恰相反，那么一个人为什么要去强求不可能的事情呢？”苏格拉底回答：“但是，查赖克拉泰斯，查勒丰对其他人也像对你那样让人讨厌吗？或者有人是喜欢他的？”“苏格拉底呀，这就是我讨厌他的原因所在，他能够对别人很好，却唯独在我面前，无论是说话还是行为，都是个妨害。”“那么，”苏格拉底反驳道，“这就像一个人无法驯服一匹马而遭受伤害一样，因为不能与兄弟很好地相处，兄弟就成了讨厌的人。”“但是，”查赖克拉泰斯问道，“我怎么会忽略与兄弟相处的恰当方式呢，我知道怎样称赞那些称赞我的人，怎样对那些友善的人做出友善的事。然而，那些一心想要在言行上伤害我的人，我不会说好话，也不会友好，我都不会想要这么做。”苏格拉底回答：“查赖克拉泰斯，这些是令人奇怪的观点，因为如果你养了一条很好的牧羊犬，向你的牧人摇尾巴，但是当你走近它时，它向你吠叫，你不会对它生气，反而会想办法对它好，让它驯服；但是，对于你的兄弟，你知道他如果做出某些行为会对你有好处，并且也知道你以怎样的言行能够与他交好，你却不想用这样的方法设法让自己的兄弟对你有好处吗？”查赖克拉泰斯说：“苏格拉底啊，我恐怕没有这样的诀窍让查勒丰对我好。”“但是，”苏格拉底说，“在我看来，你不需要以深入或新奇的方式待他，因为我觉得你只要用已经知道的方式就可以让他看重你了。”“你首先要告诉我，”查赖克拉泰斯说，“我是不是知晓任何魔力，尽管我拥有却没有察觉到？”“现在，请你告诉我，”苏格拉底说，“假如你想要说服一个熟人在献祭的时候邀请你参加晚宴，你会怎么做？”“我会首先在自己献祭的时候邀请他。”查赖克拉泰斯回答。“如果你想要在出门的时候让朋友照看你的财产，你会怎么做？”“当然，我会首先在他出门的时候照看他的财产。”“如果你在国外参观时想要得到外国人的热情款待，你会怎么做？”“我肯定会在他来雅典的时候先好好款待他；因为如果我想在国外时获得他的帮助，我就应该首先做同样的事。”“那么，你其实了解这些所有在众人中行之有效的魔力却一直藏着罢了，或者你担心对你的兄弟做这样的好事，会让你显得没有地位？不过，一个人首先去击溃敌人或者帮助朋友，是最值得称赞的。所以，如果我觉得查勒丰比你更具有这么做的优势，我会劝说他首先试着和你做朋友，但是，看起来最有可能先出来示好、提出和解的人是你。”查赖克拉泰斯说：“苏格拉底，你说得没有道理，这不像你说的话。你竟然建议我，一个弟弟走出第一步。因为人们显然有一个共识，任何事情都应该是年长的人先做，言行上都是如此。”苏格拉底问道：“怎么是这样的呢？一般人不都认为，年轻的人在路上应该为年长的人让路，为年长的人让座，把软席让给年长的人，在对话中让年长的人先开口吗？但是，无论怎么样，我的好朋友，请你不要犹豫要不要尝试和他和好，只要你走出第一步，他很快就会听从你的。你难道没有看到他有多么爱好荣誉、思想开明吗？卑鄙刻薄的人，你不送东西就不能影响他们，但是善良可敬的人，只要用一颗友好的心灵就能够很好地影响他们了。”查赖克拉泰斯说道：“但是，假如我遵从你的建议，他却没有表现得更好呢？”“那为什么不试试呢？你有什么风险呀？”苏格拉底问道，“这只能证明你有一颗善良的心，是个有兄弟情义的人，而他是卑鄙、不值得热情对待的人罢了。但我想，这样的事情是不会发生的，因为我觉得，当他发现你在这方面和他竞争时，他会愿意与你展开比赛，在言行上能够比你更友善。然而，你们俩现在都处于同一个状态，就好像两只手被创造出来相互协助，现在它们却忽略了这项功能，反而互相妨碍；或者就像两只脚一样，本来被神明造来相互合作，现在却忽略了这一点，成了彼此的阻碍。将本来为我们好的东西变成了伤害我们的东西，这难道不是非常愚蠢和疯狂吗？并且，在我看来，神明安排兄弟也是用来为彼此提供比双手、双脚、双眼或者其他成双的人体器官更多帮助的。对于手来说，即使它们相互合作，也不能同时做相距一腕尺长以外的事情；双脚也不能同时跨在相距一腕尺长的东西上；眼睛看似能够看到很远的东西，却不能同时看到人体前后的事物。但是，如果兄弟能够联合起来，即使他们相隔很远，也能够互相扶持。”

第四章

我曾经听过他作的关于朋友的演说，我认为这在结交朋友方面很有用。他说，尽管他听到很多人说，没有什么比一个明智而高尚的朋友更宝贵了，但是他看到大多数人更愿意追求欲望的满足，而不是追求朋友。他说，他注意到人们热衷于获得房子、土地、奴仆、牛羊、家具，担心失去他们的财产；但是对于他们所认为的最宝贵的朋友，据他所知，大多数人要么不费心思去结交，要么不花精力保持友谊。当朋友和奴仆生病的时候，有些人会请医生医治后者，使用所有方法让他们康复，但是对于前者，他们毫不关心。如果这两个人都死了，他们会为自己的奴仆伤心，认为是一个损失，但是他们不会认为失去朋友是一个损失。同样，对于他们的其他财产，他们一定会亲自过问，亲自关心，但是当他们的朋友需要关心的时候，他们却不会过问。

除了这些话，他还说，大多数人知道他们的财产数量、牛羊的个数，不管数量有多大；但是对于他们的朋友，尽管只有几个，他们却不仅忽视了朋友的数目，甚至当他们想要列数的时候，还忘了他们先前认为的朋友，他们认为朋友价值甚微。然而，对于朋友和财富，他们更想要哪一个呢？什么样的马匹或羊群会比一个好朋友更有用？有什么样的奴仆像朋友那样友善、真心和真诚？有什么财富能够像朋友那样有益处呢？因为一个真正的朋友会在你需要的时候倾囊相助，不论是私人的还是公众的事情；如果你要对其他人提供帮助，他也会在这方面提供更多帮助。如果有任何事情烦扰了你，朋友会过来帮忙，有钱出钱，有力出力；有时候帮你出谋划策，有时会使用武力；在你胜利的时候给予热情的鼓励，在你遭遇不幸的时候给予积极的支持。只要是他双手能做、双眼能看、双耳能听、双腿能及的事，他都会为朋友做好；朋友经常会为你做好你没有做到、看到、听到或者完成的事。然而，尽管人们为了树木结出果实而悉心地培育，大多数人却都愚蠢地忽略了友情的培养。

第五章

还有一次，我听到他的另一次对话，在我看来这是劝勉听者进行自我审查，确定自己对朋友的价值。他看到一个门徒因为朋友家徒四壁而轻视他时，他当着这个轻视朋友的人和其他的人的面，问安提西尼："告诉我，安提西尼，朋友就像奴仆一样有价格吗？可能有些奴隶值两姆纳[1]，有些只值半姆纳，有些值五姆纳，有些则值十姆纳。尼塞拉特斯的儿子尼西亚斯，据说给了一个照看他银矿的人一塔连得[2]的钱。"他继续说道："而我在想，既然奴隶有固定的价值，那么，对于朋友是否也是一样。""毫无疑问，就是这样的。"安提西

① 古希腊货币单位，也译作"米那"（即猫头鹰银币）。

② 古希腊货币单位，也译作"塔伦特"。

尼说，“至少，对我来说，我觉得一个朋友的价值比两姆纳来得高，而另一个朋友的价值则不到半个姆纳；一个朋友我可能会估价到十二姆纳，而对另一个朋友，我愿意付出所有的财产。”“如果是这样的话，”苏格拉底说，“那么每一个人都要看看自己对于朋友值多少钱，并且还要努力提高自己的价值，好让朋友不抛弃自己。”他接着说：“因为，我经常听到有人说，他的朋友抛弃了他，而另一个朋友宁可要一姆纳的钱，也不要自己的朋友。基于这些情况，我在想，就像一个人不看多少价格就卖掉不好的奴仆一样，对于一个价值渺小的朋友，他也可以抛弃他，好获得更多的价值。但是，我从未见过好的奴仆被卖掉，或者好的朋友被抛弃掉这样的事。”

第六章

我认为，他在以下的谈话中教育别人要小心选择朋友。“克利托布洛，请你告诉我，”他说，“如果我们需要一个好朋友，我们应当基于何种考虑进行挑选？我们难道不应该不去找那些无法控制自己的食欲、酒瘾、肉欲、懒惰和闲散的人吗？因为屈服于这一类事的人，对自己或朋友都是不能履行职责的。”“这类人当然不能作为朋友。”克利托布洛回答。“那么，在你看来，我们应该避免与这些受制于嗜好的人结交了？”“当然是这样。”克利托布洛回答。

“那么，那些不能独立又铺张浪费，总是从邻居那里寻求帮助的人，借了钱也不偿还，借不到就怨恨对方的人，你觉得这样的人是不是危险的朋友呢？”“肯定是的。”克利托布洛回答道。“那么，我们必须避免和这样的人成为朋友了吧？”“我们当然应该这么做。”克利托布洛说。

“有一种人，很有办法赚钱，渴望变得很富有，因此变得脾气暴躁，得到东西会高兴，付出东西就会怨恨，对于这样的人呢？”“在我看来，这样的人比前一种人更可恶。”克利托布洛回答。

“那么，这种人怎样呢？他只喜欢积累财富，以至于除了追求这件事外，什么闲暇时间都没有。”“在我看来，也是需要避免和他成为朋友的，因为任何想要寻求帮助的人在他那里都得不到好处。”

“对于那些喜欢争吵、总会与朋友树敌的人，你又是怎么看的？”“这样的人也必须避开。”

“然而，如果有一个人，没有这些缺点却很愿意接受恩惠，而自己却连回报都不愿意，你觉得怎么样？”“这样的人也不会带来任何帮助。但是，苏格拉底，什么样的人是我们可以作为朋友的？应当努力结交什么样的人呢？”“我当然认为是与此相反的人。对于身体的愉悦，他能够自我克制，有良心，待人公平公正，受到恩惠不回报就会心神不安。这样的人就是有用的朋友。”“但是，苏格拉底，请告诉我，在我们和他做朋友之前，怎样判断他呢？”“当我们对一个雕刻家形成评判时，”苏格拉底回答道，“并不是根据他们说的话，而是看到有哪些重要的人对他过去创造的作品给予好评，我们可以据此认为，他以后也会将其他作品雕刻好的。”“那么，你是说，如果人们认为一个人对他以前的朋友好，就有可能对以后结交的朋友好？”克利托布洛问道。“确实如此，”苏格拉底说，“因为如果我看到一个人善于养马，那我知道他也能养好其他的马。”

“就算是这样吧，”克利托布洛说道，“但对于那些看起来值得做朋友的人，我们怎样保证能够得到他们的友谊呢？”“首先，”苏格拉底回答，“我们应当问神明，看看他们是否建议我们和他交朋友。”“那么，你可不可以告诉我，”克利托布洛问道，“这样一个适合做我们朋友，而且神明又不反对的人，我们怎么做可以确保他的友谊呢？”“我以宙斯的名义发誓，”苏格拉底回答，“这个人不像兔子那样要快速追赶，也不像小鸟一样需要圈套才能捕获，更不像我们的敌人那样要用武力制伏；因为违反他的意愿，让他成为你的朋友是一件很难的事，你很难像囚禁一个奴隶那样把一个结交的朋友困住，因为如果我们这样待他，他更可能成为你的敌人，而不是朋友了。”

“那么，他们是怎样成为我们的朋友的呢？”克利托布洛问道。“据说有一种咒语，谁念一下咒语，就可以让他喜欢的人做自己的朋友。还有一种魔力，善于使用的人，将这种魔力用在任何选择的人身上，就可以让他们爱上自己。”“我们从哪里可以学到这些诀窍呢？”“你难道没有听说过荷马曾经讲过海妖唱歌迷惑奥德修斯的故事吗？歌大致是这样开头的：‘到这里来吧，奥德修斯，声名远播的王子，希腊无比荣耀的人！’”“那么，苏格拉底，海妖是不是也向别人唱同样的歌，也留住了他们，让他们无法从唱歌的海妖那里抽身而去？”“不，他们只向那些因为杰出而受到爱戴敬重的人唱。”“你的意思是这样的吧，我们应该对任何人都用这样的咒语，好让他在听到后认为那些夸奖他的人并不是在嘲弄他；就好像一个人知道自己个子矮小、相貌丑陋、身体柔弱，别人却夸他相貌俊美、身体强壮，他就会抵触、躲避、排斥。”克利托布洛继续问道，“但你知不知道其他咒语呢？”“我不知道，”苏格拉底回答，“但我听说伯里克利知道一些，他向国民念了这些咒语，好让他们都喜爱他。”“那么地米斯托克利是怎样讨得国民喜爱的呢？”“我向宙斯发誓，他没有用念咒语的办法，而是亲近国民，就像护身符一样，为他们做好事。”“苏格拉底，在我看来，你是觉得如果我们想得到一个值得交往的朋友，我们自己应该在言行上都体现出我们自己的价值吧？”“那么，你以为，”苏格拉底问道，“一个坏人能与好人做朋友吗？”“至少我看见过，”克利托布洛回答，“一个差劲的演说家却和一个优秀的演说家成为朋友，一个不合格的将军却和一个杰出的军事家关系甚密。”“但是，关于我们讨论的这一点，你是不是知道有些无价值的人却能够和有用的人成为朋友呢？”“啊，我不知道，”克利托布洛回答，“不过，如果卑鄙的人要获得高尚正直的人的友谊是不可能的话，我现在想知道的是，是不是高尚正直的人就可能毫无困难地和同样品格的人交友呢？”“克利托布洛，让你困惑的是这样一个事实，你经常看见尊贵的人，他们不让自己做下等事，彼此之间表现得像敌人而不是像朋友，和那些在一起毫无价值的人相比，他们之间的相处更严苛。”“这不仅仅是个人的行为，”克利托布洛继续说道，“甚至整个国家也是这么做的。因为，尽管他们都悉心培育德行、遏制可耻的事情，但是，国家之间却往往彼此仇恨。当我想到所有这些事的时候，我就对获得朋友这件事感到失望。我知道，坏人之间是不能良好相处的，因为那些忘恩负义、轻浮散漫、贪得无厌、毫无信念、毫无节制的人，怎么能够成为朋友呢？确实，在我看来，坏人天生就是敌人，而不是朋友。但是，就像你说的那样，坏人也绝不会以好人那样的行为方式建立共同的友谊。因为做坏事的人怎能和那些憎恨他们的人做朋友呢？此外，那些生活中有德行的人也会因为争夺国家的领导地位而对彼此产生憎恨，谁还会成为朋友，又有哪个阶级的人具有好的意志和信念呢？”

苏格拉底回答：“这些事的情况是复杂的。人们天生具有相互友爱的倾向，他们需要彼此帮助，相互同情，通过合作得到相互扶持；知道了这样的情况，他们彼此之间就会有友善的感情。但人们在一定程度上也有敌对的倾向，因为他们都想要美好的东西，所以就会斗争，由于感觉有了分歧就成了敌人。争辩和恼怒容易导致战争，喜欢扩张就会有不好的想法，而嫉妒则会导致仇恨。然而，友谊越过这些障碍，将高尚、善良的人联合在了一起。他们的德行让他们更喜欢中庸的生活之道，不必为拥有什么东西而争斗。饥渴的时候，他们能够慷慨地和别人分享食物和饮料，尽管他们也想满足肉欲，却能克制自己不去招惹那些他们不应得罪的人。

“此外，他们克制贪婪的欲望，不仅能以一颗公正的心分配财产，而且还能相互协助，不仅能够友好地处理分歧，还能够获得共同的利益。他们能够克制怒火，不会因为过火而后悔，他们也能消除嫉妒，把自己的财产分给朋友一起用，同时把朋友的财产认为是他们自己的。

“那么，让高尚而善良的人接受政治上的荣誉，以此消除人们之间的伤害，甚至增加彼此的利益，这为什么是不可能的事？那些确实贪图国家的领导地位和影响力的人，目的是侵占、压制、享受荣华富贵，都是些不道德和卑鄙的人，他们是不能和别人友好相处的。但是，如果一个人想要获得国家的荣誉，好让自己免于罪行，并且能够帮助朋友获得权力，在自己执政期间致力于为祖国谋福利，这样的人为什么不能和有着与他类似想法的人相处得很好呢？难道他与那些正直、公正的人结交使自己更不会帮助自己的朋友吗？或者与高尚、善良的人合作，会让他更不会为国家做出贡献吗？

“显然，如果在运动比赛中，最强壮的人联合起来去对付最软弱的人是允许的，那么前者就能够在运动赛事中赢得所有奖牌，因此，在这些比赛中，这样的安排是不允许的，但是，在政治圈里，高尚而善良的人们形成一个最强大的政党，那应该是允许的，因为没有条文规定人们不能为了国家的福祉而联合起来。那么，与最杰出的人物结为朋友，能够得到帮助和支持，并无害于他的事业，难道不是他作为国家领导人的好处吗？而且，明显的是，如果一个人和另一个人敌对，他就需要同盟者，如果他的对手是一个高尚而善良的人，那他需要更多的同盟者；那些愿意做他同盟的人，必须得到很好的对待，这样他们就会对他的事尽心尽力。所以，对那些善良的人好是有更多好处的，因为这样的人数量少，而坏人数量多，他们反而会比善良的人要求得更多。”

苏格拉底接着又说：“但是，克利托布洛，请振奋精神，努力吧。你自己成为善良的人后，努力把那些德高望重的人的友谊保存住。我自己可能在你探寻朋友的过程中提供帮助，因为我很喜爱你；因为每当有喜爱的人，我都会热心地尽我的全力，所以我也希望得到我喜爱的人的回报。他们不在时我会惋惜，我希望他们也是如此，我期待他们的陪伴，希望他们也同样期待。当你寻求友谊的时候，我知道你的想法也是类似的。所以，如果你希望和谁成为朋友，不要向我隐瞒；我认为，由于我总是很小心地让取悦我的人也喜欢我，所以，我对和人交友并不是一窍不通。”

克利托布洛说道：“苏格拉底，我一直很想听到你说的这些话，特别是如果这些知识能够帮助我和那些拥有善良心灵和容貌俊美的人成为朋友。”“但是，克利托布洛，在我所说的话中，并不包含对那些容貌俊美的人动手；因为我相信，人们逃离斯库拉是因为她向他们动手，而就像神话所说的那样，人们听海妖的歌声流连忘返，那是因为海妖从不会试图触碰任何人，而是远远地唱着。”克利托布洛说道：“假设我克制自己不动手，教我一个好的方法能够结交好友吧。”“但是，你绝不会用嘴唇吻他们吗？”苏格拉底问道。克利托布洛回答道：“这件事请你放心，除非那个人非常美丽，否则我是不会吻任何人的。”苏格拉底说道：“但是，克利托布洛，这和你刚才表达的希望完全相反；因为容貌俊美的人是不允许有这样的放肆行为的，而丑陋的人会乐于这么做，甚至很高兴，认为他们自己是有吸引力的。”克利托布洛说：“那么，对于我来说，喜爱容貌俊美的人，更倾向于喜欢那些善良的人，那么请放心教我怎样交朋友吧。”苏格拉底问道：“好吧，克利托布洛，当你想要和别人交朋友的时候，你是不是允许我向他介绍你，说你钦佩他，想要和他做朋友呢？”“你可以这样说，”克利托布洛回答道，“因为我从来没遇到过不喜欢别人说他好的人。”“但是，如果我接着说，因为你钦佩他，你对他很友好，你会不会认为我把你说错了？”“绝对不会，”克利托布洛回答，“当我觉得别人对我友好时，我自己也会对他们有一种友好的感觉。”苏格拉底说道：“那么，我会这样向你想结为朋友的人介绍你。除此以外，如果你允许，我会告诉他们，你对朋友很关心，没有什么比结交好朋友更让你高兴，你比自己的朋友更高兴于他的好事；朋友得到进步，你比他们更开心，比自己获得成绩也更开心；你处处为朋友的福祉着想，从不厌倦，你以为，一个人的美德就是要善待朋友甚于善待自己，伤害敌人甚于敌人伤害自己。我认为在你寻找值得交往的朋友时，我能够成为一个有帮助的人。”“但是，”克利托布洛问道，“你为什么对我这么说，就好像你没有随意说你谈论我的自由？”“不是这样的，我向宙斯发誓，”苏格拉底说道，“我并没有这种自由，我曾经听到阿斯帕齐娅说：好的媒人在说别人的特点时，能够极好地促进婚姻，如果双方的美好品德是真实的话；但那些不真实地称赞双方的媒人，他们所说的话是没有好处的，因为那些被欺骗的人不仅会互相憎恨，还会憎恨做媒的人。我相信她说的话是对的，我想，当我称赞你的时候，我也不能说任何不真实的话。”“那么，对我来说，你确实是这样的一个朋友，”克利托布洛说，“如果我有结交朋友的资格，你就会帮助我结识他们，但是如果我没有这种资格，你也不会纵容自己编造谎言来帮助我吧。”“克利托布洛，”苏格拉底问道，“你是认为我虚伪地称赞你就是最好的帮助呢，还是劝诫你努力成为一个善良的人才是最好的帮助呢？如果你还不清楚这一点的话，就请你根据以下的情况来审视一下吧。如果我想让一位船主和你建立友谊，我就虚伪地夸你，说你是出色的航船者，他根据我的介绍，会把他的船交由你掌舵，但是你实际上并不懂得任何航船的知识，你觉得你不会损坏船只和损伤自己吗？或者我用不真实的介绍，让公众相信你能够胜任重要的军事、法律和政治职务，将国家交由你管理，你觉得对于你和你所统治的国家会有什么样的事情发生呢？或者，从私人角度来说，我可以通过错误的陈述，说服一些公民认为你是一位经验丰富、有责任心的管理者，让他们把财产交由你看管，而当你的能力被证明的时候，不仅人们会明显发现因你而受到损失，还会使你变得可笑吧？然而，克利托布洛，如果你想在什么地方超过人们，最敏捷、最快和最好的方式，就是努力在这方面达到真正的精通，因为任何世间被称为‘美德’的东西，只要你想一想，就会发现都是可以通过学习和实践来增进的。所以，我以为，我们在选择朋友的时候也要努力这么做，但是，如果你知道还有其他什么方法，请教教我吧。”“哦，苏格拉底，”克利托布洛说，“如果我要反驳这些观点，我就太惭愧了，因为这样做的话，我是既不光彩，也不真诚了。”

第七章

对于朋友因无知而产生的困难，他努力通过自己的忠告来帮助他的朋友解决，对于遭遇贫穷的人，他指导他们根据自己的能力互相帮助。我将讲述一些我知道的事来证明这一点。

有一次，他看到阿里斯塔克斯面容沮丧，就说："阿里斯塔克斯，你有什么担心的事呀？你应该把你的心事和你的朋友说说，也许我们可以帮助你减轻一些负担呢。"阿里斯塔克斯回答道："苏格拉底，我的确有很大的苦恼。自从城邦发生革命以来，很多人逃到了比雷埃夫斯。我的姐妹、侄女、表兄弟都留下来，到我这里寻求庇护，我家现在就有了十四个自由人。我们无法从田地里获得收入，因为田地都被敌人侵占了；我们的房子也拿不到租金，因为城里只剩很少一些人了；

也没有人会买我们的家具，连借钱的地方都没有。在我看来，在街上抢点钱比借钱更方便。现在，让我自己的亲戚死去对我来说是很伤心的事情，但是对我来说，在这种情况下，想要养活这么多人又不太可能。”苏格拉底听到这些话，说道：“克拉蒙养活了很多人，不仅能够为自己和他们提供需要的物资，还能有所积蓄，让自己更加富有；你却相反，你也有很多人要养活，却担心自己连基本的生活必需品都无法给予，只好让大家一起死去。”“我向宙斯发誓，”阿里斯塔克斯回答道，“因为那些靠他养的是奴隶，而依赖于我的人是自由人。”苏格拉底问道：“那么你觉得哪一种人更好呢，和你在一起的自由人，还是克拉蒙的奴隶？”“我想是和我生活的自由人。”阿里斯塔克斯回答。苏格拉底问道：“那么，和他在一起的是下等人，却有着富足的物资，而和你在一起的是上等人，却满足不了需要，这不是很可耻的事吗？”阿里斯塔克斯说道：“当然不是这样，因为他家里的那些人包括手艺人，而我家里都是些有教养的自由人。”“那么，手艺人就是那些知道怎样制造有用的东西的人吗？”“当然。”“那么，大麦皮是有用的东西吗？”“非常有用。”“面包呢？”“用处同样很大。”“男人和女人的衣服，例如外套、披风和斗篷怎么样呢？”“这些东西也都非常有用。”“难道你家中的人，一点也不知道做这样的东西吗？”“我觉得所有的东西，他们都知道怎么做。”“那么，你知道吗，单是做其中的一样东西，大麦皮，那欧西库代斯就不仅养活了他自己和他的亲戚，而且还饲养了一大群猪和牛，他赚得非常多，还能够经常补助城邦。

库瑞博斯也是这样，他做面包就维持了全家的生计，而且生活富足。卡鲁托斯人德梅亚斯靠做斗篷生活，梅农做绒线上衣谋生，大多数的迈加拉人靠做背心生活。”“毫无疑问，他们生活得很好，”阿里斯塔克斯回答，“因为他们都买来了洋奴，可以任意强迫他们为了明确的目的做事，而和我在一起的却是自由人和亲属。”“那么，因为他们是自由人和你的亲属，你以为他们就不应该做事，而只是吃饭睡觉？你看到过其他的自由人，在他们有生之年这么碌碌无为，能够比那些在理论和实践上都知道什么技艺是有利于生存的人更幸福吗？或者，你觉得懒惰和粗心在人们学会他们所应该知道的事、记住所学，或者强健身体、增强体力、获得有利于生存的事物等方面有帮助，而勤劳和积极则是没有用的吗？至于你说他们有某些技艺，他们是把它们当作对生活毫无用处的东西，而且从不打算加以应用而学的呢，还是与此相反，他们想借从事这些工作为自己获得好处呢？哪一种情况会使人更有智慧，是游手好闲地生活，还是投身有益的追求呢？怎么做会使他们更正直，是有所作为，还是无所事事地思考想要什么呢？照事实情况看来，我想你对你的亲属没有真正的爱，他们也不爱你，因为你把他们看成负担，而他们也知道你厌烦他们在身边。所以，这种不喜欢的状态会越来越厉害，成为一种危险，这会让你们彼此的感情受到损害。但如果你指导他们怎样从事工作，你会更喜欢他们，看到他们对你有用，你会对他们更满意，他们也就会更喜欢你；随着回忆他们对你的友爱而日益增长的满足感，会让你们产生越来越多的友爱，你们也会更加善待对方，相处更加融洽。当然，如果他们做了可耻的事情，那倒不如死了更好，但你的亲戚所擅长的技艺可能是最可敬的，也是妇女们可以做的事情，并且是所有人会做的事，他们做起来也最容易、最迅速、最体面，而且最高兴。那么，不要再犹豫了，赶快让他们去做事吧，这对你和他们都是有益的，他们也一定会情愿去做的。”阿里斯塔克斯说：“那么，苏格拉底，我向神明发誓，我觉得你的观点很有说服力。尽管我至今也不敢借钱，因为我知道当我花完借的钱，将无法还给人家。但现在我可以这么做了，这样可以让我开始我的工作。”

结果是，他准备好了必要的东西，买来了羊毛，妇女们边吃午饭边工作，工作完成后吃晚饭。她们的面容充满了欢乐，不再是愁眉苦脸的；他们相遇时不再逃避彼此的眼光，而是快乐地打起招呼；她们把阿里斯塔克斯当作自己的保护人，因为她们对他有用了，阿里斯塔克斯也很爱她们。最后，阿里斯塔克斯找到苏格拉底，把他家中的快乐场景告诉他，并说，妇女们指责他是家中唯一一个无所事事白吃饭的人。苏格拉底说：“你为什么不给她们讲讲‘狗的故事’呢？故事说，在兽类能够说话的时候，羊对它的主人说道：‘你对我们做的事很奇怪，我们给你提供羊毛、羊羔和奶酪，你却除了从田里得到的东西以外，什么也不给我们；而狗什么也不给你，你却把自己的食物分给它。’狗听到这些话后，说：‘的确，我没有给予主人什么，但是，你们要公平地讲话。如果不是我，谁来保护你们，不让你们被人偷去或者被狼叼走；如果我不保护你们，你们甚至不能吃草，因为你们害怕性命不保。’据说，由于这个原因，羊就同意将狗放在优先的地位。因此，你也可以告诉你的女亲戚们这些，就像这条狗一样，你也是她们的监视者和保护人，她们有了你，才不会遭受任何侮辱，并在安全和愉快的情境下工作度日。”

第八章

有一次，苏格拉底看到了一个很久没见的老朋友，他对这个朋友说：“犹泰鲁斯，你从哪儿来？”“苏格拉底，我是在战争结束后从国外回来的，从今往后我就住在这儿了，因为我们的财产都在战争前线被掠夺了。我的父亲在阿提卡又没有给我留下什么，我现在被迫生活在城市里，好通过亲手劳动获得生活的必需品。在我看来，这样做，总比乞讨好，特别是像我这样没有什么东西可以抵押换钱的人。”苏格拉底问道：“你觉得你的身体能够维持多长时间有足够的力气来保证基本的生活？”“啊，不会很久。”犹泰鲁斯回答。苏格拉底说：“显然，到你年老的时候，你需要花钱，但是没有人愿意雇用你了，因为你已经没有足够的力气干活。”“的确是这样。”

犹泰鲁斯回答。苏格拉底接着说道："所以，对你来说，更好的方式是去找这样一种工作，它能够让你安度晚年，给一个拥有巨大财产的人干活，帮他看管财务，做他的管事，帮助他收集作物，照看财产，这样，你通过给他带来好处，从他那里获得回报。""苏格拉底，我极其不愿意做的就是受人奴役啊。""但是，那些管理国家政务、主持国家大事的人，却不认为自己是奴隶，而是自由人啊！"犹泰鲁斯又回答道："简言之，我根本不想被别人指指点点，说哪里做错了。""可是，犹泰鲁斯，要找一个可以逃避责备的差事并不是简单的事情啊，因为要完成任何事情而不犯错误是很难的，即使你毫无差错地完成了这件事，如果遇到一个吹毛求疵的人，也很难尽善尽美；就算是你所说的现在所从事的工作，我也怀疑你是否能够避免受到指责。所以，你应该远离那些苛刻的主人，而要找那些宽容的主人。你也必须做你能够做的事，而不要做那些自己做不到的事；并且，无论你承担了什么任务，你都要将你的能力发挥到最大，将你的热情投入到最多；因为我觉得，如果你这样做，你被别人指责的风险会最小，在困难时也最有可能得到帮助；你也会因此生活得轻松而安全，为老年做好准备。"

第九章

我还知道，有一次，他听到克力同的言论，说做一个只想一心做好自己分内事的人，在雅典是多么困难。他还说：“因为当前各种矛头正指向我，这不是因为他们在我手下受到了伤害，而是因为他们认为我会选择宁可出点钱了结某事，而不愿意去惹麻烦。”苏格拉底问道：“克力同，请告诉我，你有没有为了防止羊群被狼袭击而养过狗呢？”“当然养过，”克力同回答道，“对我来说，养狗比不养更有好处。”“那么，你为什么不养一个愿意而且能够胜任的人，帮你防御那些想要侵害你的人呢？”克力同回答：“那是非常愿意的，如果我能保证他不会反过来害我。”苏格拉底问：“但是，难道你没有看出来，讨好像你这样的人是别人的荣幸和好处啊，这比得罪你更好。可以确定的是，在我们的城邦里，人们把能够和你结交为朋友当作一件非常光荣的事啊！”

这次谈话的结果是，他们找到了阿凯德谟，一个在言行上都很有才干却贫穷的人，他不是那种用不义的方式谋求钱财的人，而是一个受人敬仰且正直的人，天生具有高贵的品格，他能够从诽谤者那里追回赃物。因此，每当克力同收获自己的作物、油、酒、羊毛或其他农产品的时候，他总是贡献出一部分，作为礼物送给阿凯德谟；当他献祭的时候，他也会邀请阿凯德谟赴宴，并且在所有的事情上都很关照他。而阿凯德谟把克力同的家作为自己的收容所，对克力同忠心耿耿。他不久就发现，克力同被许多诽谤者伤害，很多是他的敌人。他将其中一个诉诸公共审判，这个人面临的惩罚将是判刑或处以罚金。这个诽谤者，知道自己犯下了很多罪行，用尽各种方法想要躲避阿凯德谟。但是阿凯德谟绝不姑息，直到那个人不再烦扰克力同，并且留下了很多钱，阿凯德谟才罢休。当阿凯德谟在这件事和其他一些类似的事上获得成功以后，就像一个牧人养了一条好狗，其他的牧人都想要把自己的羊群安排在它附近，以借得他的狗的好处一样，很多克力同的朋友也都恳求克力同，让他们借用阿凯德谟来做他们的利益保护人。阿凯德谟也愿意接受这个请求，因此，不仅克力同本人，连他的朋友们也都不再被骚扰了。如果那些侵犯者中有人对阿凯德谟怀恨在心，说他得到了克力同的恩惠，所以才讨好他，阿凯德谟会质问他：“请你想想，一个人得到了有价值的人的恩惠，并做出回报，与他们交友，躲开恶人，难道这是可耻的吗？他们应该污蔑这些崇高善良的人，与他们交恶，与此同时，反而和坏人同流合污结为知己吗？”所以，从那以后，阿凯德谟成了克力同一个亲密的朋友，并受到克力同其他朋友的高度尊敬。

第十章

我还知道，苏格拉底曾和他结交的一个朋友狄奥多罗斯作过如下的谈话。

“狄奥多罗斯，请告诉我，”苏格拉底问道，“如果你的一个仆人跑掉了，你会不会采取措施把他找回来？”“会的，”狄奥多罗斯回答，“我还会召集其他人，宣布任何把他找回来的人都有奖赏。”“如果你的任何一个仆人生病了，你会不会照顾他，请医生来给他治病，防止他死掉呢？”“当然会。”狄奥多罗斯回答。“如果你的任何一个朋友，”苏格拉底继续问道，“这个人比你的仆人更有价值，他因为缺少物资而濒临死亡，难道你不觉得要对他有所关心，想办法挽救他的生命吗？你知道赫莫克拉提斯不是一个忘恩负义的人，如果他得到了你的恩惠而没有回报你，他会感觉羞愧。现在，我认为获得像他这样的一个愿意付出、真诚待人、愿意为你效劳的助手，不仅能够对你有益，还能够提前为你出谋划策，比很多奴仆都要有价值。事实上，优秀的经济学家说，当有价值的东西价格很低的时候，你应该买进；而现在的情况是，你可以用便宜的代价获得一个良好的朋友。”“你讲得很好，苏格拉底，那就让赫莫克拉提斯到我这里来吧。”“不会啊，我绝不这样做，”苏格拉底说道，“因为我认为比起把他叫到你这边来，你到他那里去更好，这样的会面对他的好处并不比对你的好处更大。”于是，狄奥多罗斯就到了赫莫克拉提斯那里，并以较少的代价就获得了一位朋友，这个朋友在言行上会为狄奥多罗斯的利益考虑，好让他满意。

第三卷

第一章

现在，我要接着记述对于那些想要获得荣誉的人，苏格拉底让他们注意自己追求的事物对自己具有怎样的用处。

例如，有一次，他听说迪奥尼索多鲁斯造访本城，宣称要教授做将领的艺术。迪奥尼索多鲁斯对苏格拉底的一个有志向成为将领获得公众地位的门徒说："年轻人，有一件事确实很可耻啊，一个想要担任国家军队将领的人，却忽略了学习怎样去做的机会；这样的人应该受到国家的惩罚，这比一个没学过雕刻却做起了雕像的人更应受罚。因为在战争的危机时，整个国家都交付给了将领，国家最大的受益自然来自他的成功，而最大的恶果则来自他的失败。那么，一个将要担任此职的人，怎么能够不因忽略学习的职责而受到惩罚呢？"他说出这些话后，这个年轻人前往学习他的讲授方法。当年轻人听完讲授去拜访苏格拉底时，苏格拉底和他开玩笑，说道："我的朋友，正像荷马描述阿加美农为值得尊敬的人一样，现在你已经学习了怎样带领士兵，难道你不认为他更值得我们尊敬吗？这就好像一个学会了弹竖琴的人，即使他没有使用这个乐器，他就是一个竖琴师；一个学会了医术的人，即使他没有实践，他仍然是一个医生；所以这位年轻人，即使还没有担任将军一职，但是从今以后，他也就是一个将领了。但对一个缺乏适当知识的人来说，即使他被一致选举出来担任职务，他也不能成为一个将领或医生。"苏格拉底继续说道："但是，为了使我们当中有人在你的指挥下充当营长、连长时能有更好的军事知识，我们也要更好地了解作为士兵的职责，所以，请你给我们说说你的老师是怎样教你指挥之道的。""他从一开始直到结束，一直教我战术，除此以外再没有别的了。"年轻人回答。"但是，"苏格拉底说道，"这是将领之术中多么小的一部分啊！一个将领还必须为战争提供任何所需要的东西，为军队做好必要的准备。他必须是一个聪明有计谋、仔细、耐心、机智的人；善良而又严苛；简单而又狡猾；担心保护自己的领土，又随时准备夺取对手的领土；奢侈浪费而又贪婪；慷慨而又喜欢存储钱财；谨慎而又雄心勃勃；还有很多其他天生或习得的品质，一个想当将领的人必须具有这些品质。了解将领的战术自然是好事，因为一支纪律严明的军队和散乱的军队完全不一样，就好像把石、砖、木、瓦混乱地堆放在一起是没有什么用处的，但如果把石头和瓦这些不易被腐蚀的材料放在最下面和最上面，把砖块和木头放在中间，就能够建造一座很有价值的房屋。”“的确是这样的，苏格拉底，”年轻人说道，“你打的比方很恰当，因为在战争中，我们把最好的军队安排在前线和后卫，而把最坏的部队放在中间，这样，就可以让前面的人带领，被后面的人推动，从而向前进发。”苏格拉底说道：“如果你的老师教你怎样区分好和坏的话，你说的布阵就很好，但是如果他没有教过你怎么区分，他上过的课又有什么用处呢？例如，假设他想要教你把最好的钱币放在最前和最后，把最坏的钱币放在中间，你却不知道分辨好钱币和坏钱币的方法，他的指导也同样是毫无用处的。”年轻人说道：“他确实没有教我这个，所以，我们不得不靠自己来判断优劣。”“那么，我们为什么不想想怎样更好地避免这个错误呢？”“我很愿意这样做。”年轻人回答。“好的，那么，当我们一定可以获取一笔钱的时候，”苏格拉底问道，“我们是不是应该把最贪恋钱财的人放在前线才对？”“我想是这样的。”“我们对于那些即将冒着危险打仗的人应该怎么做呢？难道不应该把那些对于荣誉最有野心的人放在前线吗？”“至少，”年轻人答道，“他们才是为了荣誉而最愿意去奔赴危险战场的人，他们也不难发现，很明显，到处都能够找到。”“但是，”苏格拉底问道，“你的老师只教给你怎么安排阵列吗，或者他还教你每一种阵列是怎样运用的呢？”“绝对没有教我。”他回答。苏格拉底说：“但是，同一种阵列或行军不适用于所有情况。”“但是，啊，他从没有给我讲过这些。”“那么，你回去问问他这些问题；如果他懂的话，他就会感到羞耻，因为他拿了你的钱却让你对此一无所知。”

第二章

有一次，苏格拉底遇到一个被选为将军的人，他问道："你觉得，为什么荷马把阿加美农称为'人民的牧者'呢？是不是因为作为一个牧者要保证羊群的安全，供给它们必需的东西，好让它们得以保全。而与此相同，一个将军也要为士兵提供安全，提供适当的物资支持，这样他们服兵役的目的才能达到，才能让他们克敌制胜，提高自己的作战条件呢？或者，为什么荷马在他的史诗中把阿加美农称赞为'一个强有力的战士和一个敬爱的国王'？他的意思难道不是说，他面对敌人时的勇敢带动了整个军队都像自己那样勇敢，从而取得了胜利吗？如果他关心自己个人生活的愉悦，就不会是一个'敬爱的国王'，他一定在为所有国民的幸福努力。一个人被选举做国王不是照顾好自己就够了，而是要让所有选举他的人也得到福祉。所有的战士也都是为了让自己的生活尽可能好，才会以此目的推选将军，相信他们能够达到这个目的。所以，一个军队的将领，必然要为选举他为将领的人们的目的效力。因为很难找到比这更光荣的事了，也不会有比做不到这件事更可耻的事了。”

苏格拉底就是这样的看法，他坚持认为一个好将军的优点中，除去所有必需的品质，就只有这个将领是否让他所指挥的士兵获得幸福。

第三章

我知道苏格拉底曾经和一个被选举为骑兵指挥官的人做过以下对话。

“年轻人，你能告诉我，为什么你那么想要指挥骑兵呢？我猜想，这不是因为你可以骑马走在骑兵前面吧，因为骑射手才是拥有这一光荣的人，他们甚至可以在指挥官前方骑行。”“的确如此。”青年回答。“那么我想，你也不是为了得到他人的注意吧，因为连疯子也都可以获得每个人的关注。”“你说的也是事实。”青年说。“那么，你是想要训练骑兵，好让他们能够更加具有战斗力，并交给国家，让他们为国效力；如果国家需要这些骑兵，你就可以作为指挥官，为国家做出贡献吧？”“这的确是我的期望。”他回答。苏格拉底进一步说："当然，如果你能够达到这个目标，对你来说确实是一件光荣的事。但是，我想，你被选举担任的职务是不是包括考虑马匹和骑马的人呢？"青年回答道："是这样。"苏格拉底继续说："那么，请你先和我们说说，首先你会怎么做，以让马匹有所改善？"青年回答道："我认为这不是我的任务，每个骑兵关心自己的马匹就可以了。"苏格拉底说道："那么，他们会在你面前骑这样的马：有些马有脚伤甚至瘸腿；有些马身体瘦弱无法跟上你；有些马生病很重，都无法站在你安排的位置；有些马则桀骜不驯，不可能让它们站定，你的骑兵又有什么用呢？你怎么做这样一个军队的指挥官为国效力呢？"青年回答："你说得很对，从今以后我将尽全力把马匹照管好。""骑兵是不是也这样呢，你是不是也没想过提高他们的技术？"青年说："我会提高骑兵的技术的。""那么，你首先要让他们更擅长骑马吧？"青年回答："我应该这样做，万一有人从马上摔下来，他还可以恢复健康。""当你必须冒险参加战斗的时候，你会让士兵在已经熟悉的沙地上与敌人抗争呢，还是会事先训练他们适应敌人可能会出现的场所的地形呢？""后面这个方案更好。"青年回答。"你会想办法让尽可能多的士兵擅长在马匹上投掷标枪杀死敌人吗？""这也是可以使用的很好的办法。""你有没有想过什么是鼓舞士气最好的方法，或者让他们更有战斗的激情呢？""如果以前我还没有做的话，现在开始我就要这么做了。""你想过怎样让士兵愿意随时服从你的命令吗？因为如果不服从命令，马和士兵都是没有用处的，无论他们多么勇敢和精良。”青年回答：“你所说的确是事实，苏格拉底。不过，要让他们服从，最好的方法是什么呢？”“我想，你知道人们都愿意追随他们认为能够指挥自己的人。所以，生病的人最愿意听从他们认为最好的医生；航海的人最愿意服从他们认为最好的舵手；从事农业的人最愿意追随他们认为最好的农夫。”“他们当然是这样的啦。”青年回答。苏格拉底问道：“那么，骑兵是不是也很可能最信服他们认为最懂得骑马的人呢？”“那么，苏格拉底，如果我显然是他们中最好的骑手，这够不够让他们服从我呢？”“足够了。除此之外，如果你还有什么能够让他们更尊敬、更保证他们的安全，他们会更服从你。”青年问：“但是，我怎样才能证明这些呢？”苏格拉底回答：“啊，这比让他们相信坏事比好事更好，来得更容易、更有好处。”“你是不是暗示说，一个骑兵指挥官除了具备应有的品质外，还应该具有演说的能力？”“难道你以为骑兵指挥官都是用沉默来指挥人的吗？或者难道你从来没有想过，我们通过习俗所学的任何东西和用来指导生活的知识，都是通过语言反复教导的吗？其他有价值的知识难道不也是通过语言学得的吗？难道最好的教师不是最懂得自由运用语言的人吗？难道理解道理最深刻的不是使用最合适语言的人吗？难道你没有注意到，国家组织的歌舞团——比如派往德洛斯的歌舞团——是所有国家的歌舞团中最无法比拟的，而且歌舞团召集的人也是最漂亮的吗？”“你说的也是事实。”青年回答。苏格拉底说：“那么，难道你不觉得，如果有人费尽心力想要把我们骑兵的战术水平提高，我们就会大大超过其他骑兵军，我们骑兵和马匹的设备与纪律以及我们在危险境地下的敏捷性就会大大超过敌人，只要他们认为这样做可以获得赞美和尊敬吗？”“这是非常有可能的。”青年回答。“那么，不要再拖延了，”苏格拉底说道，“努力去激励士兵吧，这对你自己来说是有好处的，通过你的影响，你的同胞们也能够因而获益。”“我一定会努力的。”青年回答。

第四章

有一天，苏格拉底看到尼各马希代斯从公共部门领导人的选举中回来，他问道：“尼各马希代斯，谁当选为将领？”尼各马希代斯这样回答：“苏格拉底啊，雅典人不总是这样做的吗？虽然我服兵役时负伤，在排长和连长一职上兢兢业业，但他们还是没有选举我（他卷起自己的衣服，把伤疤给苏格拉底看），而是选择了安提西尼，一个从来没有做过步兵，也没有在骑兵队伍中做出过任何显著的贡献的人，只懂得怎么积累钱财。”“这难道不是一个优点吗？这个优点能够让将领为军队提供必需品啊。”“但是，商人也知道怎么赚钱，”尼各马希代斯回答道，“而这并不意味着适合做军队将领。”苏格拉底说道：“安提西尼无论如何都有一种好胜的品质，这对于一个将领来说是必需的。难道你没有注意到，每次当他做歌舞团团长时，他的歌舞团都能获胜吗？”“但是，”尼各马希代斯回答道，“带领一个歌舞团和带领军队并没有什么类似的地方啊。”苏格拉底继续说道：“这位安提西尼，虽然他自己不会唱歌，也不知道怎么训练歌舞团，但是能够让这两方面最有成就的人发挥才能。”尼各马希代斯说道：“那么，按照同样的道理，他会在军队里挑选人去选拔他的士兵，并且让别人为他打仗。”“所以，如果他在军事上能够发现并找出最好的人，就像他在歌舞团那样，他就可能取得胜利。而且极有可能的是，他更愿意为保证整个国家的安全而花费金钱，比让他的歌舞团获得奖牌更愿意。”“那么，苏格拉底，你是不是说，同样的这个人，能把歌舞团组织好，一定也可以很好地管理好一个军队呢？”苏格拉底说：“我当然认为，无论一个人管理什么，如果他知道其中的需要并且满足，那么他就是一个好的领导，不管他领导的是一个歌舞团、一个家庭、一个国家还是一支军队。”尼各马希代斯说道：“啊，我绝不会想要听你说，一个好的管家也能够成为一个好的将领。”

“那么，”苏格拉底说道，“那就让我们探究一下他们各自的职责，看看它们是相同还是不同吧。”“好，我非常愿意。”尼各马希代斯说。“那么，这两种人的职责难道不都是要那些受指挥者服从将领的命令和意愿吗？”“的确是这样的。”尼各马希代斯说。“难道他们的责任不是分派给每一个人适合的工作吗？”“那也是他们的职责。”尼各马希代斯说。“我想，惩罚坏人，奖励好人，也是他们这两种人的责任吧？”“毫无疑问，就是这样的。”尼各马希代斯回答。“在你看来，这两种人是不是都应该为了自己的利益而争取同盟者和辅助者呢？”“对于他们的利益来说，当然应该这样。”“双方难道不应该小心守护自己的资源吗？”“绝对是这样。”尼各马希代斯说。“他们两个人难道不应该努力工作，履行职责吗？”“这些都是一样的，但管家和作战比起来却不一样。”“但是，我想，无论如何双方都是有敌人的吧？”“毫无疑问，他们是有的。”“那么，难道战胜敌人不是对这两种人都有好处吗？”“当然是这样，但是且不谈这些，如果一个人必须打仗的话，善于管家对他有什么用处呢？”

苏格拉底回答：“在我看来，这样的情况，对他是有很大帮助的。因为一个善于管家的人知道，比起战胜敌人，没有什么是更加有优势和有价值的了，比起战争失败，也没有什么损失是更加无益和有害的了，所以，他会竭尽全力提供所有一切能够给予的东西来保证胜利，还会小心地提防任何可能会导致失败的事。同样，如果他看到胜利的希望，他就会全力以赴，做好准备，投入与敌人的斗争，而且，如果他还未准备好，他就会不支持加入斗争。所以，尼各马希代斯，不要轻视那些善于管家的人，虽然管理个人的事情在重要程度上和管理公众事务有差别，但在其他方面他们是非常相似的。然而，最主要的一点是，这两件事都需要有人管理；而且并不是个人的事归一类人管理，公众的事归另一类人管理，因为选择管理公众事务的人所使用的标准，与选择管理私人事务的人所使用的标准没有什么不一样。知道怎样使用这些人的人就是一个好的管理者，在私人事务或公共事务上都是如此；而没有这种知识的人，则会犯下大的错误。”

第五章

还有一次，苏格拉底对大伯里克利的儿子小伯里克利说："伯里克利，我对你怀有这样的希望，你现在是将领了，那么我们国家在军事上应该会更强大、更先进，会战胜敌人吧。"伯里克利回答："苏格拉底，我也希望你所说的能实现，但我不知道怎么实现啊。""那么，你愿意和我讨论一下这件事，看看怎么样才能有效地实现它吗？"苏格拉底问。"我很愿意。"小伯里克利回答。"那么，你有没有意识到，雅典人和波俄提亚人在数量上是相当的呢？""我知道这个事实。"小伯里克利回答。"你觉得能够从雅典人中还是从波俄提亚人中选出身体最强壮、最能干的人呢？""在我看来，雅典人在这一点上一点儿也不弱。""这两个国家的人，哪一方更团结呢？”“至少我觉得是雅典人，因为很多波俄提亚人被底比斯人欺压，很仇恨他们，但是我从没有看到雅典人表现出这种情况。”“此外，你也会认同，雅典人最热衷于荣誉，对所有人都是热心肠的，这些情操使得他们甘愿为维护荣誉、保卫祖国而冒生命危险。”小伯里克利说：“的确，雅典人民确实有这样的特点。”“当然，没有一个民族能够像雅典人那样可以展示祖先数不胜数的探索成果，很多雅典人也受到影响，并被激励出勇敢的品质和强健的体魄。”“苏格拉底，你所讲的都是事实。但是，你知道吗，自从杜尔密德手下一千战士在勒巴得亚被打败，希波克拉底的军队在代里恩被击溃，雅典人的名声就在波俄提亚人之下了，而底比斯人也日益瞧不起雅典人了；以前波俄提亚人即使是在自己的领土上，如果没有斯巴达人和其他伯罗奔尼撒人的同盟军，也不敢和雅典人作战，现在却独自进军威胁亚底该的领土，意图入侵；而雅典人以前能够打败没有他人援助的波俄提亚人，现在却害怕单单波俄提亚人就会把亚底该夷为平地了。”苏格拉底说：“我知道这种情况，但我认为国家的这种情况对一个好将领来说是有好处的，因为骄傲自大会让军队变得粗心、懈怠、不服从命令；而出于害怕失败，人们则会小心谨慎、服从命令、保持秩序。你可以从船员的行动看到一个很好的类比。当他们毫无惧怕的时候，他们不受约束，没有秩序；但是当危险的暴风雨来临或战争爆发的时候，他们不仅明确地遵守命令，而且还会像跳舞的人那样，安静而紧张地听候指令。”小伯里克利说道：“那么，如果他们现在更愿意服从指挥了，你就应该讲一讲，我们可以怎样做，才能最好地激励他们重振精神，为了挽回先人的优越、荣誉和幸福而努力。”苏格拉底说道：“如果我们想要让他们收回已被别人占有的财产，我们应该向他们说明这些财产原来是属于他们的祖先的，现在也应该由他们接着拥有，这是最有效的；我们要让他们相信，他们巨大的勇气是自古就有的，这样才能让他们拥有同样的勇气。如果他们努力去重新获得勇气，他们就会成为最英勇的人。”“那么我们应该怎么说服他们重获勇气呢？”苏格拉底回答道：“在我看来，毋庸置疑就是让他们知道自己的祖先是怎样做的，让他们照着祖先的方式做，他们就不会比祖先差；如果不这样做的话，就让他们无论如何都要以那些现在统治希腊的人为榜样，以他们的方式实践，使用同样的方法，他们可能也不会比这些人差，如果对他们给予合适的关心，可能会有更好的表现。”“你的意思是说，我们的国家还远远不够繁荣昌盛吧，”伯里克利说道，“因为，雅典人什么时候才能像古代斯巴达人那样敬重自己的老人呢？他们自己的父母对于年长的人就有轻视的行为了。或者，他们什么时候能够以类似的方式锻炼身体，就算正处于健康状态呢？他们不仅忽视健康，还认为那些注意健康的人很荒谬。他们什么时候才能像古代斯巴达人那样服从统治者呢？你看他们现在喜欢对统治者嗤之以鼻呢。或者，他们什么时候能够和谐相处呢？他们不会为了共同的利益而互助合作，还会互相伤害，彼此嫉妒。无论在私人场合还是公众集会中，他们比任何人都会争吵，他们会彼此控诉，宁愿独自生活而不愿团结一致。他们认为公众事务是别人的事情，和自己没有关系。并且，他们不仅吵着要管理这些公众事务，还觉得拥有这样的争吵能力是令人高兴的事情。由于这些不团结的来源，大量的灾祸与罪恶就在国家里滋长起来了，而大量的敌视和仇恨也在人民中间滋长。所以，我一直很害怕，担心因这样的情绪而产生的民族不幸是如此严重，以至于国家无法承受。”“哦，伯里克利，”苏格拉底说道，“请你不要认为雅典人得了无药可救的毛病。难道你没有看到他们的海军是多么有秩序，在运动竞赛上又是多么服从指挥，在歌舞团的指挥下也比任何人更遵从指导吗？”“这的确是很特别的，”伯里克利说道，“这一类的人在做这些事的时候，可以简单地服从领导他们的人，但是那些步兵和骑兵，是从人群中选出来的，理应更有价值、更勇猛，却是最难服从的人。”苏格拉底说：“阿勒奥珀格斯法院难道不是由品格受到认可的人组成的吗？”“当然是。”伯里克利回答。“那么，你知道在断案、审批和其他事务上，有谁比他们做得更受人敬重、更合法、更严肃、更公正吗？”“这方面，我找不出他们有什么纰漏。”伯里克利回答。“所以，我们对于雅典人的不服从，就不应该失望了。”苏格拉底说。“但是，在军事上，最需要严明的纪律和绝对的服从，这种关键时候，他们却忽视纪律。”“他们这么做可能是因为指挥者对他们不甚了解。难道你没有注意到，对于竖琴家、合唱演员、舞蹈演员、摔跤家或角斗家来说，除非这个人自己熟知技术，否则就没有人能够指挥他们吗？要能够指挥这些人，指挥者就要说出自己获得知识的来源，但是，我们大多数的将领事先根本没有学过什么知识。当然，我不是说你也是其中之一，因为我认为你能够说出自己什么时候开始练习将略的，就像你能够说出自己什么时候练习摔跤一样。并且，我还觉得，你获得并记住了你父亲传授给你的很多战争原理，你自己也从很多渠道学到了很多有用的知识。我也认为，你在尽可能学习所有对将领才能有用的知识，如果你本人有任何不足之处，你就会向那些知道的人求教，你不吝金钱、恭敬地向他们学习你不懂的东西，获得他们有益处的合作。”伯里克利说道：“苏格拉底，你这么说并不是认为我已经恰当地做到了这些事，而是因为你想向我说明，想要成为将军的人应该注意到所有这些事，我完全同意你的看法。”“那么，伯里克利，你有没有想过，”苏格拉底继续说道，“我们的边疆有巨大的山峦，绵延到了波俄提亚，狭窄而险峻的峡谷把波俄提亚和我国连接起来，中部也是由巍然的山脉环绕着的？”伯里克利回答：“我当然想过。”“那么，你有没有听说过，米西亚人和皮西底人在大君国土中占据非常强势的位置，他们有轻骑军备，能够侵入大君的领土，而当他们在肆意侵犯的时候，还能够保证自己的领土独立？”“我也听说过。”伯里克利回答。“难道你不觉得，如果雅典人也有更好的轻骑军备，当他们年轻而有战斗力的时候，可以守卫那些包围着我们的山峦，让敌人大大受挫，为我们的国民形成强有力的堡垒吗？”“我认为，”

伯里克利回答，“你说的所有这些都很有用。”苏格拉底回复说：“那么，如果这些建议让你感到满意，我的朋友，请真诚地做一做，实现这些目标吧。因为无论你在哪方面取得成就，那些名誉都是你的，而利益都是国家的。但是如果你在任何方面都不能够提供支持，你不但会让自己蒙羞，也会损害国家的利益。”

第六章

阿里斯通的儿子格劳孔，尽管还不到二十岁，却试图向民众发表演说，并借此成为国家领袖，他的亲友觉得他愚蠢且可笑，为了不让他被人们从讲坛上拉下来，纷纷阻止他，但没有一个人能够做到。这时，苏格拉底出于对查米德斯和柏拉图的面子与善意，决定劝阻他。苏格拉底拦住他，说了以下这些话。

"格劳孔，你已经下定决心，成为我们国家主要的领袖了吗？""我已经下定决心了。"格劳孔回答道。苏格拉底回答："啊，这又是一件再光荣不过的事了；因为显而易见，如果你成功了，你就处于这样的一个位置，你不仅能够以你的雄心得到所有东西，还能够帮助你的朋友。你可以为你的祖辈增光，为你的祖国添彩。你的名声首先会在全国遍传，还会令希腊尽人皆知；或许你还会像地米斯托克利那样，在其他国家也声名大噪；走到哪里都受到别人的尊敬。”

格劳孔听到了这些恭维话非常高兴，并且心甘情愿地留下来谈话。苏格拉底接着说：“格劳孔，难道你没有看出来，如果你想要得到尊敬，就必须对国家有所贡献吗？”“当然如此。”格劳孔回答。“那么，我向神明发誓，请求你不要向我们隐瞒，马上告诉我们，为了国家的利益，你打算怎么做。”但是，格劳孔沉默了。苏格拉底说道：“请告诉我，假设你想要增加一个朋友的家庭财富，让他更富裕，你是否也应该努力让国家更富有呢？”“一定是这样。”格劳孔回答。“那么，如果国家的税收增加了，是不是会更加富裕呢？”“可能是这样的。”格劳孔说。苏格拉底说：“那么，请告诉我，在你看来，我们的国家从哪些源头获得税收可以变得更加富裕呢？可以增加多少？因为毫无疑问，你已经考虑过，如果有什么方面有了不足，怎样补充新的来源，如果差了什么东西，你需要获得其他什么东西做弥补。”“啊，我从未考虑过这些问题。”格劳孔回答。苏格拉底继续说道：“那么，如果你忽略了这方面的考虑，请你对我们讲一讲国家使用经费的情况吧。因为你显然计划削减那些费用巨大的事务。”“这方面我也没有考虑过，”格劳孔回答道，“我没有时间来关注这些问题。”苏格拉底说道：“那么，我们暂时不能去想怎样让我们的国家更富裕；因为一个人如果连国家的支出和收入都不知道，又怎么去掌控让国家富强的事呢？”

“但是，苏格拉底，”格劳孔说道，“我们也可以通过剥夺敌人让国家富强起来。”苏格拉底回答道：“啊，如果我们比敌人强大，这是极其有可能的事；但是，如果我们比敌人弱小，可能会失去自己的所有财产。”“你说的是事实。”格劳孔回答。苏格拉底说道：“所以，当我们想要和谁打仗时，我们必须衡量一下彼此的实力，如果实力强，就可以进攻，如果实力不及敌人，领导者就应当三思而后行。”“你说的是对的。”格劳孔说。苏格拉底说道：“那么，首先就请你告诉我们，国家在陆军和海军方面的实力，然后再说说敌人的实力吧。”“但是，苏格拉底，我不能单凭记忆告诉你。”苏格拉底说道：“好的，那么，如果你已经把它们摘抄下来了，就请你把你的笔记带过来，因为我很想听一听。”“老实说，我做不到，因为我都还没有记录。”格劳孔回答。苏格拉底说道：“那么，我们也不去考虑打仗这件事情了。虽然这些都是非常重要的问题，但是假设你现在是一国将领，由于刚开始工作，所以没有足够的时间仔细研究。不过，我猜想你一定考虑过国防的问题。对于防御的措施有哪些、什么是不适当的防御、士兵数量多少算充足等问题的认识，你一定有所了解，并且，在增加妥当的防御工事、卸除多余的防御工事等方面，你都思考过了吧？”格劳孔回答道：“当然，据我目前的考虑，我认为这些防御工事并不够好，国家还因此蒙受经济损失，钱财都流到了个人的口袋中，所以应该全部拆除。”苏格拉底问道：“如果这些防御工事全部被拆除，难道你不认为这是给他人一个掠夺我们的机会吗？”他又补充道：“你到底有没有亲自去查看一下呢？或者说，你怎么知道这些防御是不好的呢？”“我猜是这样的情况。”格劳孔回答。“好，那么，”苏格拉底说道，“我们也不去考虑这个问题，等到不再靠猜想而是确切信息的时候，我们再讨论吧。”“或许我们这样做会更好。”格劳孔回答。

“那么，对于银矿，”苏格拉底说道，“我知道你从没有去过，所以，你也不能告诉我，为什么现在从那里获得的税收比以前少了？”“是的，我没有去过，所以不能告诉你。”“毫无疑问的是，人们说那里处于极其不卫生的状态，所以，当需要思考这个问题的时候，你又有足够的借口了。”“你在开我的玩笑吧？”格劳孔抗议道。

“但是，我确信你没有忽略过这些事：国家重视的粮食能够维持城市多久？每年粮食的产量需要多少才能满足消费需求，从而使国家免于饥荒，你不仅不能给国家带来这样的灾难，还要足够了解国家的生活必需品，而提出有效的建议，帮助和拯救国家。”“你说的也是一个非常大的领域，如果连这一类事情也需要关注的话。”格劳孔说。“但是，”苏格拉底反驳说，“一个人如果不知道自己的家里人需要什么，并悉心地去满足它，他就无法合理地治理好自己的家。可是，一个国家有上万户人家，很难同时满足所有家庭的需要，你都不能满足一个家庭的需要，又怎么去满足一个国家所有国民的需要呢？这也就是说，你叔父家能够获得需要的帮助吗？如果你能够为他家提供帮助，你也能够为其他人家提供帮助。这就像一个人如果连一塔连得的东西都拿不动，他就不能承担更重的担子。”格劳孔说道：“如果我的叔父能够遵从我的指引，我就能够为他们家提供帮助。”苏格拉底问道：“那么，如果你都不能说服自己的叔父，你还期待其他的雅典人，包括你叔父在内能够遵从你的指引吗？格劳孔，请你想一想啊，你十分渴望成名，但是，结果可能会恰恰相反啊。难道你没看到，一个人去做或者说一件没有经验的事，是多么危险啊？想一想其他你认识的人吧，他们不懂装懂，说着或做着不懂的事，他们更多的是被称赞还是被责备呢？请你再想一想那些从事自己所懂得的事的人，难道你没发现，他们得到尊敬和敬佩就是因为他们知识渊博吗？那些无知的人，则往往遭受蔑视和嘲笑。如果你非常想要获得名誉，想得到人们的赞扬，你应该在自己从事的事情上获得尽可能多的知识。因为，在进行国家事务的处理时，如果你在这方面的能力能够超过别人，那么，你就毫无疑问可以获得自己期待的东西了。”

第七章

苏格拉底看到格劳孔[①]那可敬的儿子查米德斯，这个比当时的统治者更有能力的人，却不敢在民众面前现身，掌管国家事务，于是对他说："查米德斯，请告诉我，如果一个人能够在公开比赛中获得冠军，并由此获得荣誉，让自己的出生地闻名于整个希腊，却不愿意参加比赛，你觉得他是什么样的人呢？""我当然会认为他柔弱而怯懦。"查米德斯说。"如果一个人，"苏格拉底继续问道，"他有能力掌管国家事务，为国家做出贡献，并受到人们的爱戴，却不敢去做，是不是也应该把他看成是怯懦的人呢？""可能是这样的，"查米德斯回

① 此处的格劳孔与上一章的格劳孔不是同一个人。——编者注

答道，“不过，你这样问我的意图是什么呢？”

“因为我认为，”苏格拉底回答道，“你有能力管理国家事务，而且这也是你作为公民应该做的事，你却畏缩不敢去做。”“有什么事让你清楚地知道我确实有这样的能力，让你这样谴责我呢？”查米德斯问。“你和那些负责处理国家事务的人有所来往，从这些交际中，我就可以推测你有这样的能力，”苏格拉底回答，“因为无论什么时候你为人们提供建议，都是很好的建议，如果他们犯了什么错误，你也能够恰当地找出来。”“可是，苏格拉底，”查米德斯说道，“个人的谈话和在公众面前的高谈阔论，这两者有很大的区别啊。”苏格拉底说：“但是，一个擅长算数的人，无论在众人面前还是独自一人的时候，都能够算得很好；一个弹奏竖琴很好的人，无论在公众面前还是单独一人，都能够弹奏得很好听。”“可是，难道你没有认识到，羞愧和怯懦是人类遗传的本性吗？这对在公众面前的表现所造成的影响，远远大于对单独行动的影响。”“那么，这也正是我非常想要向你指出的，”苏格拉底说道，“你在最有智慧的人面前没有表现出羞愧，在最强壮的人面前没有感到怯懦，却在最愚蠢和最懦弱的人面前羞于讲话。是漂洗工，还是补鞋匠，还是木匠，还是黄铜铸工，还是市场上的商人，抑或是永远想着怎样交易赚钱的人，让你羞于演讲呢？公众议会正是由这个阶级的人组成的。在不敢面对业余者这方面，你怎么会觉得自己的行为和那些训练有素的专业运动员害怕毫无训练经验的门外汉有任何区别呢？你毫无困难地和那些杰出的政客交谈，这些人都会经常发表政治言论，而你比他们更为优秀，你却在那些从未关注政务、从未轻视你的人面前不敢讲话，害怕被嘲笑，是这样吗？”“请你看看吧，”查米德斯说道，“就算是在公众议会里的人，他们也会对你看来极好的演讲进行耻笑啊！”“当然如此，”苏格拉底说道，“但别人也是这样的。而我对此感到不解的是，你非常愿意与一类听众会面，却错误地认为在另一群人面前没有足够的能力这么做。我的好朋友啊，请不要忽略自己的能力，不要像大多数人那样犯错误；一般来说，人们尽管渴望知道所有他们邻人的事，对自己的一切却未必能够全部知晓。所以，不要忽略这件事情，努力去让自己履行这样的职责，更好地成就自己。也不要忽视国家的事务，如果你能够在某一方面加以改善，因为这些都是我们做事的坚实基础，那么，不仅对国家的其他人，对你的朋友和你自己也是有益处的。”

第八章

亚里斯提卜试图像苏格拉底以前追问他自己时那样地追问苏格拉底，苏格拉底在回答他时没有像那些谨慎言语、害怕被误解的人那样，而是为了让和自己交往的人得到益处，像那些坚定地认为自己是正确的人那样理直气壮地回答。亚里斯提卜问苏格拉底，他是否知道好的东西，意图当苏格拉底举例说食物、饮料、财富、健康、力量、勇气是好的东西的时候，他就可以证明这些东西也有不好的地方。不过，苏格拉底知道一些东西会引起人的痛苦而需要被制止，所以，他非常恰当地回答："你是在问我，对于热病，什么东西是好的，是吗？""不是。"亚里斯提卜回答。"那么，你是在问我什么东西对眼炎是好的，是吗？""也不是。""对饥饿是好的？”“也不是。”苏格拉底说道：“那么，如果你要问我什么是好的东西，但又不知道对什么好，我就不知道有什么是好的，我也没有必要知道了。”

亚里斯提卜又问道：“你是否知道美的东西？”苏格拉底回答：“有很多。”“那么，这些东西都是一样的吗？”亚里斯提卜问。“不是这样的，有些东西彼此之间是不一样的。”苏格拉底回答。“但是，为什么美的东西之间会有区别？”亚里斯提卜问。“当然如此，”苏格拉底回答，“因为摔跤者的美和赛跑者的美是不一样的；用于防御的盾牌的美和用于投掷的标枪的美也是不一样的。”“这个问题，与我先前问你是否知道什么东西是好的，你的回答没有任何不同。”亚里斯提卜说道。“难道你认为，”苏格拉底回答，“好和美是不同的事情吗？难道你不知道，所有的东西对同一个事物来说，既是好又是美的吗？例如，德行不是对某些事物来说仅仅是好的，对另一些事物来说仅仅是美的。同样，对于同一事物来说人的行为也是既美又好的；人的身体，对同一个对象来说也是又美又好的。并且，人们所使用的东西对于他们所适用的事物也都是既美又好的。”“那么，一个粪筐也是美的吗？”“啊，它可以是这样的，”苏格拉底回答，“而且，一个金盾牌也可以是丑的。如果对于各自特定的用途来说，粪筐做得好，而金盾牌做得不够好使的话。”“那么，你是说，同一样东西，既是美又是丑的吗？”“是的，啊，就是这样的，同一件事情既是好的又是不好的。因为经常地，一样东西对饥饿来说是好的，但对热病来说是不好的。在赛跑中好的美德，对于摔跤来说却是丑的。总之，一切好而美的东西都是适合一定用途的，而不好和丑的东西，都是就不适合某个用途来说的。”

当苏格拉底讲述一幢既美丽又有用的屋子时，我觉得，他至少是在教育我们应该建造什么样的房子。他是这样考虑问题的：“一个想要合适房子的人，难道不应该注意，想办法让这个房子更适宜居住、更有用吗？”这一点得到了认同，他就继续说道，“那么，如果一座房子，冬天有阳光漫洒，夏天有阴凉遮蔽，难道不是很舒服吗？如果这样的想法对于一座屋子的建造是合理的话，那么，我们就应该把屋子的南面造得高一点，好让冬天的太阳不被挡住，把朝北的部分造得矮些，好避开冷风的侵袭。尽可能简洁地说，最美的、最令人愉悦的居所，会让主人一年四季都能够愉悦地居住着，最安全地储藏自己的东西。画作和装饰对我们提供的快乐倒不如它们减少的快乐多。”苏格拉底说，最适合庙宇和祭坛的地方，就是那些最容易被人看到，但又最不容易受到打扰的地方；因为，对于人们来说，在他们祈祷的时候看到庙宇和祭坛是很快乐的，他们也能够走进庙宇，没有任何恐惧。

第九章

当被问到勇敢是后天被教育而得来的，还是自然的天赋时，苏格拉底回答："我以为，就像一个人的身体天生比另一个人更能够经受住劳力，同样，一个人的灵魂生来也会比另一个灵魂更能不屈不挠地面对危险；因为我看到，在同样法制和规范下长大的人，却在胆量上有所区别。不过，我认为，通过学习和训练，人在勇气方面的一切品质都可以得到提高；因为，斯库泰人和色雷斯人显然不敢拿起圆盾和标枪与拉开代莫人作战；同样明显的是，拉开代莫人也不敢拿起小盾牌和短矛去和色雷斯人对抗，或者拿着弓箭和斯库泰人打仗。在我看来，人们在其他方面也都生来有所不同，但可以通过努力训练得到明显的改进。所以，显而易见的是，不管是最有天赋还是最愚蠢的人，如果他们想要超越别人，都必须通过必要的学习和训练。”

对于智慧和节制，苏格拉底并没有做出区分。因为他认为，那些知道什么是可敬和善良之事，知道怎么去实践，认识到什么是基本的德行，有能力去维持的人，就是智慧和有节制的人。他还被问到，那些明知道自己的职责，却做出违背职责的事情的人，他们是不是智慧和有节制的人？他回答：“我仅仅把这些人看成是愚蠢而不知节制的人，因为我觉得，无论是什么情况，每个人都可能会选择自己认为是最好的事情，只要是有可能。而且，我的观点是，那些选择做不正义的事情的人，都是没有智慧、不知节制的人。”

苏格拉底还说，正义与其他每一种德行都是智慧。因为正义和善良的行为都是好的和值得尊敬的，而那些认识到这个事实的人，从来不会选择其他的行为；而没有认识到这个事实的人，就永远不能这么做，如果他们想要这么做，也会犯下错误。所以，智慧的人总是行为可敬、举止善良，而没有智慧的人则做不到，就算试着去做也会犯错。既然正义的事和其他美而好的事都是遵从美德的行为，显而易见，正义的事和其他一切道德的行为都是智慧的。

苏格拉底说，智慧的对立面是疯狂，不过，他并不认为无知就是疯狂。他认为接近疯狂的人是这样的，尽管他不了解自己，却错误地认为自己知道那些不知道的事情。他认为，如果一个人在大多数人都不知道的事情上犯错误，一般人并不会说他是疯了，但是如果一个人在大多数人都熟悉的事情上犯错，就会被认为是疯狂的。所以，如果一个人错误地认为自己很高，高到过城门的时候都要弯腰，或者觉得自己强壮到可以举起一座房子，又或者自诩能够完成任何别人都觉得不可能完成的事情，人们就会说他是疯子；但是，那些犯小错误的人通常并不被看成是疯子，就像人们把强烈的欲望称作“爱情”那样，他们只把重大的智力错误称为“疯狂”。

当思考忌妒的本质时，他将其定义为一种痛苦，这并不是由于朋友的不幸而引起的痛苦，也不是敌人胜利后的后果，这种痛苦是朋友的成功所带来的烦恼。所以，在有一些人表示出惊讶于某人对于自己朋友的成功感到痛苦的时候，这个人就是在提醒他们，很多人都有这种倾向，尽管他们从不会忽略掉别人的不幸，从来不会不给予任何帮助，但对于别人的成功，他们反而感到烦扰。一个有智慧的人不会有这样的心情出现，但是在一个愚蠢的人身上，却总是有这样的事发生。

当思考想要从事什么职业的时候，他认为所有的人确实都以某种方式从事着某一件事，但是大多数人都是无所事事的；因为连掷骰子的人和滑稽演员也都是在做事的，但他认为，这些人都是无所事事的，因为他们本有能力专心致志地做更好的事。不过，人们不能说一个人是无所事事的，如果他做的事情不够好，在苏格拉底看来，这样的情况只能说是他从事了不好的事而已。

苏格拉底认为，国王和指挥官作为使用权杖的人，不是随意选举、抽签选择，或者通过用暴力或欺骗的方式获得权力的人，而是懂得治理国家方法的人。如果有人承认，统治者被赋予了发号施令的权力，而人们要服从他，那也就证明，在航船上，有经验的人是统治者，而舵手和所有的船员、乘客都是服从命令的人。他认为在农业上也是这样，统治者是农场主；在疾病方面，是那些有病的人；在身体训练上，是那些锻炼的人，以及其他所有需要照看的人，他们可以给人照料，如果他们认为自己懂得的话，如果他们不懂，他们不仅听从身边有经验的人，而且如果懂得的人不在场，还会去请那些相距遥远的人，以便自己听从他们的指导，做出合适的事；他也认为，在纺织这个工作上，妇女统治着男人，因为前者懂得怎样做，而后者不懂。如果有人不同意他说的这些话，认为一个暴君不可能接受明智的建议者的话，他会问道："为什么呢？难道他没看到，不服从忠告的人会遭受随之而来的处罚，他怎么会不遵从建议呢？因为不管什么事，如果一个人不去遵从智者指引的建议去做，他就肯定会犯一些错误；而如果他犯了错误，他就要付出一些代价。"如果有人碰巧说，暴君甚至可能把提出建议的人处死，苏格拉底说："你以为，他把自己最好的同盟者处死了之后，就可以逃避任何处罚吗？或者他招致的不幸只是一种可能而已吗？你以为这样做的人更可能安全地活着，还是会把自己带向灭亡呢？"

有人问他，在他看来，什么东西是人所追求的最好对象，他回答道："尽善尽美。"当有人再问他，好运是不是一个应该追求的事，他回答道："好运和行为在各个方面都是完全相反的。因为当一个人靠偶尔的机遇获得东西的话，我觉得那是好运气；但是对一个人来说，通过不懈的学习和锻炼，作出有德行的行为，我认为这才是尽善尽美。我认为那些努力去追求目标的人，做了他们应该做的事。”

他又说，那些最好的、对神来说最喜爱的人，在农业上就是农作好的人，在医学上是医术精湛的人，在政治上是履行政治职责的人。但是一个什么事都做不好的人，什么用处也没有，连神明也不会眷顾他。

第十章

每当苏格拉底有机会和那些从事艺术、以此谋生的人交流时，他的话对这些人都很有启发。有一次，他拜访画家巴赫西斯，他说："巴赫西斯，画作就是我们所见事物的一种描绘吧？不管怎么样，你们画家以颜色作为中介，仿造出位置的高低、光线的明暗、物体的软硬、粗糙或光滑、事物的新旧来。""你说的确实是这样。"巴赫西斯回答。"那么，当你们呈现美丽形象的时候，由于不容易找到处处都完美的人，你会不会从每一个人身上挑出好的部分，产生出一个整体上都没有缺陷的人物？""我们是这样做的。"巴赫西斯回答道。"你们会不会也描绘心理的特征，例如最具说服力的、最受人欢迎的、最令人喜悦的或者最动人可爱的？还是说这是不能描绘的呢？”苏格拉底问。巴赫西斯回答道：“苏格拉底啊，这些怎么能够被描绘呢，它们没有成分比例，没有颜色，也没有任何你所说的性质，而且还是完全看不见的。”“可是，一个人在看别人的时候，不是可以从他脸上看出来他是友好还是厌恶吗？”苏格拉底问。“我觉得是能够看出来的。”巴赫西斯回答。“那么，是不是可以在眼睛上描绘出这样的情况呢？”“当然可以。”巴赫西斯回答。“那些对于朋友给予善良的关心的人和对于朋友怀有邪恶之心的人，在你看来，难道是有着同样的表情吗？”“啊，不是这样的，”巴赫西斯回答，“因为真正关心朋友的人，会为朋友的成功而感到高兴，也会为朋友的失败而感到伤心。”“那么，你有可能把这样的表情也描绘出来吗？”“毫无疑问，这是可以的。”巴赫西斯回答。“好，那么，心灵的高尚和自由，卑鄙和封闭，清醒和理智，傲慢和质朴，在人处于站立或移动的姿势下，也都是能够通过外貌和举止表现出来的吧？”“你说得对。”巴赫西斯回答。“那么，这些表情不也都是可以描绘出来的吗？”“当然是这样。”巴赫西斯回答。苏格拉底继续说道：“那么，在你看来，人们最喜欢看的是那些表现善良、高尚和可爱的人物，还是那些有着卑劣、堕落和充满仇恨的人物？”巴赫西斯说道：“苏格拉底，这两种人之间的确有很大的区别啊。”

有一次，苏格拉底去访问雕塑家克莱托，在谈话的时候，他说：“克莱托，我看到并且知道，你所雕塑的所有各种人物，比如奔跑者、摔跤家、拳击家和格斗家，形象都很美妙，但是，你是怎样用你的双手创造出深入人心、让人目不转睛想看的栩栩如生的表情来的呢？”当克莱托犹犹豫豫、不能立刻回答的时候，苏格拉底又问道：“你是不是通过模仿活的模特，才做出更具活力的雕塑呢？”“当然是这样。”克莱托回答。“那你是不是把那些看起来上举或下垂，紧缩或分离，舒展或松弛的身体部位都按照他们的姿势真实地表现出来呢？”“毫无疑问是这样的。”克莱托回答。“如果正确地描述了那些从事某种行为的人的身体感受，岂不是也会获得观众某种程度的喜爱吗？”“至少是这样的。”“那么，你难道不应该模仿出战斗者那威吓的眼神，以及胜利者的欣喜表情吗？”“当然是必需的。”克莱托回答。“那么，一个雕塑家就应该通过雕塑这样的形式把他们的内心表现出来。”

有一次，苏格拉底走到做盔甲的皮斯提阿斯那里，皮斯提阿斯向他展示了造得很好的盔甲，苏格拉底说道：“我向赫拉女神发誓，皮斯提阿斯，盔甲是多么杰出的发明啊。它遮盖住人的胸膛这一需要保护的部分，还能让人自由地运用双手。”苏格拉底继续说道：“不过，皮斯提阿斯，你的盔甲既不比其他制造者的更坚固，也没有别人做的那么值钱，为什么你的售价高于别人呢？”“苏格拉底啊，因为我比别人做得更符合尺寸比例。”皮斯提阿斯回答。“那么，这是在尺寸上和重量上更适宜，才让它显得更值钱吗？因为如果他们要针对不同的人都能合身，你当然不会让它们在尺寸和重量上是一样的。”“啊，我就是这么制作的，因为如果一个盔甲不合身，那它还有什么用呢？”皮斯提阿斯说。“但是，有些人的身体长得好，有些人的身体比例不够好，难道不是这样吗？”“毫无疑问，是这样的。”皮斯提阿斯回答。“那么，你怎样造出一个盔甲，好让它适合一个身体比例不协调的人呢？”“通过把它造得合身，因为合身的就是比例合适的。”“在我看来，”苏格拉底说道，“你好像是说比例合适只是它和个人的一种关系，而不是一种确定的性质，就好像你可以说盾牌或外套对穿着的人来说是合身的；据你所说，同样的原则也适用于其他东西的制造吧。不过，把盔甲做得合身可能还会获得其他的一些优势呢。”“苏格拉底，如果你还知道什么，请你告诉我吧。”皮斯提阿斯说。“就算合身的盔甲和不合身的盔甲重量相同，前者的压力也会更小，因为不合身的盔甲，要么就是吊挂在肩上，要么就是压迫着身体的其他部位，笨重而不方便。但是那些合身的盔甲，将重量分配给了锁骨、肩膀、上臂、胸、背和腹部，几乎感觉不到是个负担，而像是一个自然的附属。”皮斯提阿斯说道：“你所说的正是我认为我的盔甲具有更高价值的原因。但是，有些人宁可购买装饰性强的镀金盔甲。”“不过，”苏格拉底说道，“如果他们是因为这个原因买了一些不合身的东西，我认为他们只不过买了装饰有镀金的烦扰。但是，身体不是一直保持相同的姿势，而是有时弯曲，有时直立，那么，一个盔甲怎么能够完全合身，适合穿着呢？”“它们的确无法做到完全合身。”皮斯提阿斯回答。“那么，你要说的是，”苏格拉底问道，“最适合穿着的盔甲并不是最让人感到合身的，而是最不会让人感到难受的，是这样吗？”“苏格拉底，对于这个问题，你说得对，你将这个问题理解得最清楚了。”

第十一章

曾经，城里住了一个非常漂亮的女人，名叫提多塔。只要有人向她献殷勤，她就愿意和这个人发生关系。有一个陪在苏格拉底旁边的人说她的美貌无法形容，所有的画家都急迫地期待靠近她，以看到她展示的无穷魅力。苏格拉底说道："我们必须去看看她，因为我们不可能通过话语理解这个无法用言语形容的美貌之人到底是什么样的。"提出这个话题的人说："那就不要浪费时间，跟着我来吧。"

于是，他们就向提多塔的家走去。他们看到一位画家正在为她作画。过了一会儿，等到画家画完，苏格拉底说道："先生们，我们是不是应该感谢提多塔向我们展示她的美丽呢，或者是她应该感谢我们欣赏了她呢？因为如果展示对她更有好处的话，她就应该感谢我们。但是如果我们看到美貌而获得快乐，那么我们就应该感谢她吧？”这时，有个人说，这样的话是正确的，于是苏格拉底继续说道：“那么，就目前来看，她获得了我们当前的赞美，并在我们向别人说起她时获得更多的好处。而我们当前享受着渴望见到的美貌，却要怀着忧虑离开，并且受到持续的遗憾所折磨；所以，我们成了她的奴隶，而她则成了我们的女主人。”提多塔说道：“啊，如果真的是这样的话，应该表示感激的是我。”

不久之后，苏格拉底发现她穿着非常华丽，她母亲的穿着打扮也高于常人，还有一大群美貌的女佣，她的家处处都摆设得非常奢侈。苏格拉底说：“提多塔，请告诉我，你有什么土地财产吗？”“没有。”提多塔回答。“那你可能有个房子可以让你有点收入吧？”“我也没有房子。”她回答。“那么，你有雇用工匠吗？”“我也没有。”“那么，你是靠什么来维持生计的呢？”“如果我的仰慕者对我非常慷慨，我就指靠着他们生活。”“提多塔啊，”苏格拉底说道，“我向赫拉女神发誓，这样的人有多么好的一份产业啊！与获得一群绵羊、山羊或鹅相比，获得一帮朋友要好得多。不过，你是靠着运气，等着朋友像苍蝇那样飞向你，还是用什么方法吸引他呢？”“我怎么能想出计谋来达到这样的目的呢？”提多塔问道。“我向赫拉女神发誓，这比一只蜘蛛来得方便多了，因为你是知道蜘蛛是怎么获得食物的，它们织好蛛网，只要有什么东西落在上面，就当作自己的食物。”“你也建议我织一个网，去捉点东西吗？”提多塔问道。“你当然不能认为你用这样的方式就能获得朋友，朋友是最有价值的。难道你没有看到，很多猎人使用的各种方法就只是为了捕获价值极小的动物吗？因为野兔在夜间觅食，猎人就用能够在夜间追捕的猎犬；因为野兔在白天躲藏起来，他们就用另一种猎犬。猎犬沿着兔子的气味一路追踪，找出它们；由于野兔奔跑速度很快，很快就会无影无踪，人们就用跑得快的猎犬，这样就能够抓到兔子。就算有些野兔逃脱了猎犬的追捕，它们还有可能被猎人设置的网给缠住双脚，被猎人捕获。”“那我能用什么方法来捕获朋友呢？”提多塔问道。苏格拉底回答：“啊，你可以不用猎犬而是用一些人，让他们帮你找到那些爱慕美貌又有钱财的人，如果发现了这样的人，就让他陷入你的罗网。”“那我哪儿来的网呢？”提多塔问。“你当然有网，你这张网能很好地将受害者缠绕住，这就是你这个人；在你身体里，你还有一个灵魂，它会告诉你怎样通过眼神来取悦于人，说什么样的话来捕获人心。你也知道怎样高兴地接受那些献殷勤的人，拒绝那些忽视你的人；你知道怎样温柔地照顾着身体不适的朋友，向获得成就的朋友表示热烈的祝贺，并且全身心地对待那些热心关照你的人。我确信你也是知道的，那种爱情，不仅需要温柔，它还需要真诚和善良的心。你的朋友喜欢你，就不仅是因为你在言语上，还因为在行为上让他们得到抚慰。”“啊，我真的没有想过这样做的收获呢。”“不过，”苏格拉底继续说，“最重要的是尊重一个人的本性，正确地对待他，因为你不能用强迫的方式获得朋友，就算是一种容易获得的动物，也要用善意对待，怀着感激来保持友谊。”“你说的确实如此。”提多塔说。苏格拉底说道：“那么，你首先只能向那些倾心于你的人提出小小的要求，即只给他们造成最小的麻烦；其次你还要慷慨地回报他们，这样他们才最有可能扶助你，并爱你最为长久，待你最为友好。你只有在他们自己提出来的时候，才把爱情给予他们，这样才会最大限度地取悦他们。因为你知道，如果人还没有进食的欲望，就算是最美味的事物，都不会让人获得愉悦，如果已经吃饱了再放置在桌上，甚至会让人厌恶；但是，如果在人饥饿的时候给予，那么就算是再粗糙的食物也会让人觉得美味。”“不过，我怎么能够让人对我如此渴望呢？”提多塔问。“啊，首先，”苏格拉底说道，“你不要勉强自己在那些已经满足的人那里付出什么，甚至不要提起你自己，直到他们感到需要你的陪伴且不再感到满足。接着，当他们表现出这样的欲望时，你应该以一种适当的轻描淡写的态度，表示出你愿意满足他们，而与此同时，你让他们的欲望变得极其强烈。因为同样一件礼物，在人们渴望它的时候，就会更加具有价值，超过了在不怎么需要的时候获得的赠予。”提多塔说道：“那么，苏格拉底，为什么你不和我成为一起追求朋友的同伴呢？”“啊，如果你能说服我，我就愿意。”苏格拉底回答。“那么，我怎么能说服你呢？”提多塔问。“如果你需要我的话，你自己就会找出一些办法，并且设法做到。”苏格拉底说。“那么，常到我这里来吧。”提多塔说道。苏格拉底以自己悠闲的生活开玩笑说：“但是，提多塔，要让我有时间这么做可是非常不容易的呀，因为我有很多私人和公众的活动要参加，这让我不得空闲。此外，我还有一些女人不想让我日夜远离她们。她们要向我学习怎样使用恋爱术和咒语呢。”“啊，苏格拉底，你也会用这些东西吗？”提多塔问。“那么，你觉得阿波罗多洛斯和安提西尼从不离开我是有什么原因的吗？凯贝塔和西米阿斯从底比斯走到我这里又是为了什么呢？没有那么多的恋爱术、符咒和魔轮，所有这些情况肯定都不会发生吧。”“那么，把你的魔轮拿给我用用吧，”提多塔说道，“这样我就可以转动它，让你只到我这里来。”“我可不想到你这里来，你应该到我这里来呀。”“好，那么，我就会过来，”提多塔说，“你要保证会让我进去啊。”苏格拉底说：“我当然会这么做，除非有一个我更愿意让她进来的人。”

第十二章

苏格拉底看到伊壁琴尼虽然年纪轻轻，却身体不好，他说：“伊壁琴尼啊，如果你是专业运动员的话，你的身体健康保持得多么差啊！”“我可不是一个专业的运动员。”伊壁琴尼回答。苏格拉底答道：“和那些正要去参加奥林匹克竞赛的人比起来，你也不是不能去参加这样的比赛。或者，你觉得雅典人随时可能参加的与敌人的殊死搏斗只是不重要的一件事情吗？在战争的危险中，有不少人由于身体不够强壮而失去了生命；也有人忍辱偷生；也有许多人，由于同样原因，成了俘虏，接下去的余生都要忍受被奴役的命运；还有人陷入最可怕的痛苦之中，要付出他们所拥有的全部都还嫌不够的钱才能获得自由身，他们接下来的日子只能在贫穷困苦中度过了；很多人还因为身体的孱弱而被人认为是懦夫。你将这些身体不好而产生的障碍不当一回事，还是觉得你可以毫无痛苦地忍受呢？在我看来，一个人必须锻炼自己的身体以保持健康，这样，他比那些要忍受身体不适的人所忍受的少，也更轻松，难道你不认为身体好更有好处吗？或者是你根本没有把身体健康所带来的好处看成一回事呢？但是，身体健康和不健康的后果，在各方面都是不一样的。身体处于良好状态的人健康而有力，在这样的情况下，很多人在战争中体面地保全了自己的生命，避开了各种危险。很多人还挽救了朋友的生命，对祖国做出了贡献，因此受到了人们的感激，获得了很大的荣耀，得到了最高的地位。所以，他们在余生中过得很快乐，且受人尊重，也为后代留下了更好的基业。不要因为国家没有训练公民准备战争，我们自己就忽略了锻炼，而是应该比被迫训练时更认真地锻炼。我们应该明确地知道，在任何比赛或事业中，身体锻炼好了不会有坏处，因为人们需要做的任何事都是基于健康的身体，所以身体尽可能处在最好的状态就会有很大的优势；即使你认为思考需要使用最少的身体活动，谁不知道很多人由于健康不佳而失败惨重呢？健忘、忧郁、易怒和疯狂会随着健康不佳而来，每次都能够侵袭人类的大脑，而且是如此的猛烈，常常让人失去了理智。但是那些身体健康的人，一般能够抵抗这样的不幸，并且能够避免因为身体不佳而带来的所有危险。更有可能的是，一个良好的身体状态能够产生与身体状态不佳完全不一样的有益效果；为了享受我们提到的这种理智，任何心智健全的人为了这样的目的，有什么是不能忍受的呢？此外，一个人任由自己忽略身体的锻炼而逐渐衰老，却失去了原本可以拥有最佳的强壮体魄的可能，难道不是可耻的吗？但如果一个人疏忽怠惰不肯锻炼倒也罢了，因为没有任何付出也不会有健康的体魄的。”

第十三章

有一次，一个人因为向别人致敬没有得到回礼而感到很生气，苏格拉底说道："这也太荒唐了，如果你遇到一个身体不适的人，你不会生气，但你却为遇到了一个举止比较粗鲁的人而感到烦扰！"

还有一个人因无法享受美食而生气。苏格拉底说道："阿库梅诺斯，我写个好的处方来治治这个病吧。"当被问到处方是什么的时候，苏格拉底说："禁止饮食，因为通过节制，你会生活得更愉快、更节俭、更健康。"

又有一个人抱怨说，他在家里喝的水是温的。苏格拉底说道："那么，当你想洗温水澡的时候，就有温水为你准备好了呀。""可是，用来洗澡又太凉了。"这个人回答。"那么，”苏格拉底问道，“你的奴隶们有没有不想喝，或者在里面洗澡呢？”“啊，不会，”这个人回答，“我常常会感到奇怪，为什么他们喝水和洗澡的时候那么开心。”“你家里的水和阿斯克雷皮阿斯神庙里的水相比，哪一种喝起来更温一点呢？”苏格拉底问。“阿斯克雷皮阿斯神庙的水更温些。”这个人回答。“你家里的水和阿姆非阿拉斯神庙的水相比，哪一种用来洗澡的时候更凉些呢？”苏格拉底问。“阿姆非阿拉斯神庙的水更凉些。”这个人回答。“那么，请你想想，”苏格拉底说道，“我看你比奴仆和病人更难满意呢。”

当一个人在惩罚他的侍从时，苏格拉底问他为什么对他的仆人这么生气。“因为他很贪吃，非常愚蠢，又很懒惰。”这个人回答。“那你有没有想过，谁更应该受到更多的责罚呢，是你还是你的仆人？”

有一个人很害怕去奥林匹亚旅行。苏格拉底问道：“为什么你害怕旅行？你难道不是差不多一整天都在家里走来走去吗？如果你去那里，你可以走走停停，吃吃饭，休息休息啊。难道你不知道，如果你把五六天走的路程连起来，你很容易就可以从雅典走到奥林匹亚了吗？你早出发一天，比拖着不去好，因为不得不延长旅程是非常讨厌的事情；但是在路上多花一天是很容易的。所以，最好提前动身，而不是在路上匆匆赶路。”

另一个人说，长途跋涉的疲惫让他非常虚弱，苏格拉底问他有没有背负重物。“啊，我没有，”这个人回答，“我只拿着我的外套。”“那你是一个人走路的吗？”苏格拉底接着问，“还是有一个仆人跟随？”“有一个仆人。”他回答。“他是空着手呢，还是扛着东西？”苏格拉底又问。“啊，他背着我们的被褥和其他用具。”“那他是怎么走完这趟旅途的呢？”苏格拉底问。“我想他比我好。”那人回答。“但是，假如你不得不背着他的这些行李，你觉得你会害怕什么呢？”苏格拉底问。“啊，那会多么可怜啊，”那人回答，“或者，我可能都扛不动所有东西。”“那么，你这样一个受过教育的人，怎么不如一个奴仆能忍受疲惫呢？”

第十四章

有一次，一些人一起聚餐，有一些人带的肉很少，有些人带了很多。苏格拉底总是让仆人或者把少量的肉放在桌上堆在一起，或者把它们平均分给每一个人。于是，那些带肉多的人会羞于不把自已带的也放在桌上，而去吃那些放在桌上共享的肉。这样，这些肉也当作大家分享的一部分；而当他们没有因为这样而比那些带肉少的人得以享用更多时，他们也不再花费很多钱买很多肉了。

苏格拉底看到聚餐的人里有一个人不吃面包，只吃肉食。那时候大家正在讨论为什么一个具体的行为要使用一个名称。苏格拉底问道："先生们，我们能不能说出，为什么一个人被称为'食肉者'？我们大家都吃得到肉和面包，不过我认为我们不会因此被称作‘食肉者’。”“我觉得我们不是食肉者。”其中一个同行的人说。“但是，”苏格拉底问道，“如果一个人只吃肉而不吃面包，不是因为他在训练，而只是为了满足口腹之欲，这样的人是不是可以叫作‘食肉者’呢？”“没有人比这样的人更适合被称为‘食肉者’了。”又有一个人回答道。另一个宾客问道：“那吃很多肉、吃很少面包的人呢？”“在我看来，”苏格拉底回答道，“这样的人也应该被冠以‘食肉者’的称呼，当别人向神明乞求粮食丰收的时候，他很可能会乞求得到很多肉呢！”当苏格拉底这么说的时候，那个只吃肉的人觉得他这么做是针对自己的，但他并没有停止不再吃肉，只是拿起面包一起吃。苏格拉底看在眼里，又说：“坐在这个年轻人旁边的人，你们看看，他是拿着面包就肉吃呢，还是拿着肉就面包吃？”

还有一次，苏格拉底看到其中一个同行的人只拿一块小面包，却就着很多菜同时吃，他说：“一个人把所有菜同时尝了，或者将所有酱汁同时放到嘴里，有什么吃法比这样更浪费的呢？因为他比厨师混合了更多成分，让食物更昂贵，这样的菜混合起来也不协调，犯了烹饪的大错，不是一个可以采用的烹调技术。一个人请来了最好的厨师，虽然说自己不知道怎么烹调，却改动为他准备的所有菜肴，这难道不是很可笑吗？除此之外，同时吃多种菜的人还有另一个不好的地方，那就是，如果桌上没有很多菜，他就会觉得自己太节约了，并且想要恢复他以前的那个样子。但是一个习惯用一片面包就着一种菜吃的人，当没有很多菜的时候，也能够很好地得到满足。”

苏格拉底还说，雅典语里，“吃得好”只叫作“吃”，而附加一个“好”，是用来指我们应该吃对于身体和心灵都无妨害的食物。所以，他说那些生活规律的人是“吃得好”。

第四卷

第一章

苏格拉底对每一个人都有帮助，甚至对于那些不甚理解的人也是如此，显然，没有什么比和他保持密切关系、利用各种机会和他相处更有好处了。当他不在的时候，只要回想起他，就可以给那些曾经和他相处并且听从他的人带来不小的好处，因为他无论开玩笑还是诚心的话，都对人有帮助。

他可能会经常说他喜爱某人，但这显然他不是爱慕那些人的美貌，而是爱慕他们的心灵，倾慕于他们天生的美德。他通过观察一个人学习所关注事务的快速程度，对所学内容的熟记程度，以及他们对一切有利于农场、国家、人类事务管理的知识的渴望程度，来评判一个人的善良品质，因为他说，这样的人受到应有的教育后，不仅自己会幸福，会成为自己家园的优秀管理者，还会让其他人和国家幸福。

不过，他对待人并非全部是一样的。对于那些自恃清高而轻视学习的人，他就教导他们，能力越高的人，越是需要学习，向他们指出，最烈性、最桀骜不驯的纯种马，如果小的时候得到了驯服，就会成为最有用、最有价值的马匹，但如果没有得到驯服，则仍然是最难以驾驭、最没有价值的；品种最好的狗，既勤恳又最喜爱袭击野外的动物，如果得到强化训练，就会在追捕猎物的时候被证明是最积极、最有帮助的，而那些没有经过训练的狗，就只是没有用处、粗暴而不听话的狗而已。同样，对于人来说，有了最好的天赋和最聪明的头脑，并且在从事的任何工作上都最有经历，如果得到了应有的最好的教育，就会成为最有价值和最有用的人，因为他们能做很多重要的好事情。但是，如果他们没有受过教育，学不到什么知识，他们就会成为最卑鄙和最有害的人；因为他们不知道自己的职责，经常做一些不好的事情，骄傲自大，顽固不化，难以约束自己不去做坏事。所以，他们为所欲为，干尽坏事。

有些人为自己的财富沾沾自喜，认为不需要学习，财富足以让他们做到所有需要做的事，让他们得到所有人的尊重，苏格拉底就用这样的话启发他们：“如果一个人认为不受教育，就能够区分好坏，那他就是个愚蠢的人；如果他认为就算不能分别好坏，但是只要有财富就可以达成任何愿望，拥有所有好处，那么他就是痴心妄想。”他还说：“一个人如果不能够做有利于自己的事情，却认为自己能够成功，他生命中所有的情况都是好的或足够多的，那么这个人就是一个呆子；如果一个人什么都不懂，却认为由于自己的财富，就可以把事做好，那这个人也是没有理智的；或者说，一个显然没有什么优点的人，他是不会享有一个好名声的。”

第二章

我现在要讲讲，苏格拉底是怎样对待那些自认为已经获得了最好教育，并以其成就自夸的人。

例如，他听说，被称为“英俊男子”的欧西德莫斯收集了最著名的诗人和诡辩家的大量作品，并且错误地认为，有了他们的这些作品，他在智慧上已经超过了同时代的人，认为自己在言行上的能力也超越了他们。苏格拉底还听说，这个人由于年轻，还没有参与过任何公众事务，但是当他想要有所行动的时候，他会坐在离集市很近的一家马具店里，苏格拉底就带着他的几个门徒去那里。当时有人问他，地米斯托克利的智慧远远超过同胞，以至于全国人民都会在需要伟大人物时仰望他，这是因为他和智者保持亲近，还是因为他天生的能力呢？

苏格拉底想提醒欧西德莫斯，就说："如果说认为一个人在艺术上有所成就，不经过有能力的老师父指导就可以做到，这是非常荒唐和愚蠢的想法，那么管理国家这样的能力，是所有能力中最难的，如果认为这能力人们能够自发获得，那就更荒谬了。"

在另一个欧西德莫斯在场的场合下，苏格拉底看到他想要离开同行者，好像在防止自己被看出敬佩苏格拉底的智慧，就说道："我的朋友们，欧西德莫斯已经到了合适的年龄，毫无疑问已经适合讨论问题了，显然，从他学习的东西来看，他是不会不提建议的。我以为他已经为公众演讲准备了很好的开场白，而他也在小心避免让人认为这篇稿子是从别人那里学来的。那么，显然，在他开始演说时，他会这样说：'哦，雅典人啊，我从来没有向任何人学习什么东西，也没有从言行都很聪明的人那里听到过他讲的什么东西，我从没有和他们在一起，也没有想要请知识渊博的人做我的老师。是的，我做的与此恰恰相反，因为我一直在避免从任何人那里学习什么，甚至也不要表现得在学人家。演讲中的这些看法是我自己想出来的，请你们思考。'所以，对于那些想要使政府派他们担任医疗工作者的人，倒是可以像这篇丌场白一样开始说：'哦，雅典人啊，我从来没有向谁学过医术，也没有请哪个医生做我的老师，因为我一直在避免向医务人员学习，甚至还避免让人觉得我在学习。不过，请派给我这个任务，因为我会努力通过在你身上的实验，获得知识。'"所有的门人听到这样的比方都笑了。

显然，欧西德莫斯已经注意到了苏格拉底说的话，但他却保持沉默，什么也不说，认为这样就可以获得一个谦虚的评价，苏格拉底为了检验他这样的想法，就说："当然，奇怪的是，那些想学竖琴、笛子、骑马的人，或者在类似的方面以此为专业的人，总是尽可能不断地努力练习，不仅自己学，还请求老师的帮助。他们做什么都从不凭自己的判断，而是要请教老师，并且认为非如此就无法成功；而有些想要成为杰出的演说家或政治家的人，却错误地认为，不必通过自己的努力，就可以自发地达到他们的目标。不过，显然后者比前者更难成功，尽管有很多人想当演说家或政治家，但成功的仅仅是一小部分。所以，那些想要在某个方面获得成就的人，显然要比其他人需要更充分而艰巨的训练。"

苏格拉底在开始讲这些话的时候，欧西德莫斯只是当作碰巧在听，但当苏格拉底注意到欧西德莫斯愿意用心听的时候，他就一个人走到了马具店里，而欧西德莫斯也走进去，坐在了他旁边。苏格拉底说道："欧西德莫斯，请告诉我，我听说你收集了大量据说是智者所写的书，是这样吗？"欧西德莫斯回答道："哦，是的，我有很多他们的书，而且我还在收集之中，我希望能够尽可能多地收集到这些书。""哦，那么，"苏格拉底说道，"我很钦佩你，你宁可选择获得智慧，而不愿意珍藏金银，因为你显然认为金银不会让人更好，但是智者的话却能增加自己的德行。"欧西德莫斯听到这些话非常高兴，认为苏格拉底认同他在以正确的方式追求智慧。但是，苏格拉底看到他满意于自己的这席话时，便问道："欧西德莫斯，你收藏这些书的目的，具体是想在哪一方面有所成就呢？”欧西德莫斯沉默了，他在思考怎样回答，这时候，苏格拉底问道：“是不是为了做一位医生呢？因为医生写的书是很多的。”欧西德莫斯回答道：“啊，不是的。”“那么，你想成为一名建筑师吗？因为这个职业也需要有理智的人。”“我也确实没有这样的意图。”欧西德莫斯回答。“那么，你想成为一名像提奥多鲁斯那样优秀的几何学者吗？”“我也不想当几何学者。”欧西德莫斯回答。“那么，你是想当一个天文学家？”苏格拉底问道。当欧西德莫斯回答“不是”的时候，“那么，你想做一个吟诵史诗的人吗？”苏格拉底又接着问道，“因为听说你收藏了完整的荷马史诗。”“我也真的不想，”欧西德莫斯回答道，“因为我知道，尽管这样的人对荷马史诗是最为熟知的，但是，他们在其他事情上却相当愚蠢。”接着，苏格拉底说道：“那么，欧西德莫斯，可能你是想要这样一种本领吧，那就是成为好的政治家和经济学家，有能力管理国家，对于自己和别人都有好处，是这样吗？”欧西德莫斯回答道：“苏格拉底，我急切地期望拥有这样的本领。”苏格拉底说道：“啊，那么，你的目标是一种最高尚的本领，而且是最高贵的一类技能，因为这些技能是专门为君主所用的，称之为‘帝王之才’。但是，你有没有想过，一个不正义的人有可能在这方面超越其他人吗？”“我当然考虑过，”欧西德莫斯回答，“一个人如果没有正义感的话，甚至都做不了一个好公民。”“好，那么，你学会怎样做一个正义的人了吗？”苏格拉底问。“苏格拉底啊，”欧西德莫斯回答道，“我认为我所表现出来的正义并不比其他人少。”“那么，正义的人会不会像工匠一样，也会有所作为呢？”“当然有啦。”欧西德莫斯回答。“那么，一个工匠能够指出他做的东西，一个正义的人也能够详述自己的行为吧？”“谁说我做不到详述我的正义之举呢？啊，而且我也举得出我认为不正义的事情。因为我们每天都看到和听到很多这样的事情。”苏格拉底建议道：“那么，让我们把δ写在这边，把α写在那边，然后在δ的下面写上我们看来是正义的事情，在α的下面写上不正义的事吧？”[①]“如果你觉得我们需要写这两个字母，就写吧。”苏格拉底就写下了他所建议的两个字母，说道：“人类中是不是有虚伪这件事？”“当然有。”欧西德莫斯回答。“那么，我们把它放在两边中的哪一边呢？”苏格拉底问。“显然应该放在不正义的一边。”“人类有没有欺骗这回事？”苏格拉底问。“毫无疑问是有的。”欧西德莫斯回答。“那么我们应该把它放在哪一边呢？”“当然也是不正义的一边。”“那么，罪恶呢？”“也是不正义的。”欧西德莫斯回答。“那么，奴役人呢？”“也是在不正义的一边。”“那么，欧西德莫斯，这些都不能放在正义的那一边吗？”“如果把它们放在正义的那一边，那会是很奇怪的事。”欧西德莫斯回答。“如果一个将领占领了一个好斗而有敌意的国家，将其臣民沦为奴隶，我可以说他做了不正义的事情吗？”“当然不能。”欧西德莫斯回答。“那么，我们是不是应该说他是做了

① δ是希腊文 δinαιoζ（正义）的首字母，α是 ἀδinoζ（非正义）的首字母。

正义的事情？”“当然如此。”“那么，如果他在与敌人打仗的时候，欺骗了他们，是正义的吗？”“这也是正义的。”欧西德莫斯回答。“如果他掠夺了他们的财产，这是正义的吗？”“当然是啦，”欧西德莫斯说，“但是，我想，你最初的提问只是和我的朋友有关的行为。”“那么，难道我们不应该将所有不正义的事也放在正义的一边吗？”苏格拉底问。“看起来是这样的。”欧西德莫斯回答。“那么，你愿意在归类之后，再做出一个新的区分，那就是对敌人这么做是正义的，对朋友这么做就是不正义的，对朋友，我们应该尽可能诚实，是这样吗？”“我同意这样的区分。”欧西德莫斯回答。苏格拉底问道：“好，那么，假如有任何将领看到他的军队精神不振，就欺骗他们说援军即将到来，通过这样的谎话让他们不再消沉，这样的欺骗行为应该放在哪一边呢？”“我觉得应该放在正义的一边。”欧西德莫斯回答。“如果有人的儿子需要用药物治疗，但是不想吃药，父母把药当作食物给他，并且通过这样的欺骗让他恢复健康，这样的行为又要放在哪一边呢？”“在我看来，这也属于和上面同一边的。”欧西德莫斯回答。“好，那么，假如一个人的朋友处于抑郁的状态，想要自杀，他就偷走或藏起了朋友的剑或其他类似的武器，这样的行为又是属于哪一边的呢？”“这也是属于正义一边的啊。”欧西德莫斯回答。“那么，你就是承认，就算是朋友，我们也不是一成不变地不欺骗他们吧？”“的确不是，”欧西德莫斯回答，“如果可以的话，我宁可收回我说过的话。”“我想我完全有必要让你这么做，”苏格拉底说，“因为这比做不正确的行为好一点。不过，那些用欺骗朋友的方法伤害朋友（我们从审视中发现这也是不容忽略的），你觉得存心这么做和无意这么做的人，这两个人哪一个更加不正义呢？”“苏格拉底，说实话，我对自己的回答没有什么信心了，因为在我看来，每件事都和我先前想的不太一样了。然而，我要说，那些有意去欺骗的人，比那些无意这么做的人，更加不正义。”“那么，你觉得有没有方法可以让人知道什么是正义的，就像获得阅读和书写的知识那样？”“有的。”“你认为哪一种人更称得上是有学问呢，是那有意写或读得不正确的人，还是无意之中这么做的人？”“当然是那些故意这么做的人啦，因为只要他愿意，他就能写对、读对。”“那么，那个有意写得不正确的人可能是一个有学问的人，那个无意中这么做的人则是没学问的人？”“这和先前的问题有什么不一样呢？”“那么，是那个有意说谎骗人，还是那个无意说谎的人更知道什么是正义呢？”“显然是那个有意这样做的人。”“那么，你就是说，懂得如何书写和阅读的人，比不知道的人，更算是一个有学问的人？”“是的。”“那么，那个了解正义的人，比那些不知道的人更正义吧？”“看起来是这样的。但是，我也不知道怎么作判决。”“假如一个人虽然想说实情，但总是对同一件事情说不正确：当说起同一条路的时候，一会儿说它是朝东的，一会儿说它是朝西的；当算算术的时候，有时候把总额算高了，有时候又算低了，你觉得这样的人怎么样呢？”“啊，他显然是一个不知道这些事情的人，但他自己却以为知道。”“你知道有些人被称为‘像奴隶’的人吗？”“我知道。”“他们被这样称呼，是因为他们的智慧还是他们的无知呢？”“显然是因为他们的无知。”“那么，是不是因为他们不知道怎样打铁才得到了这样的称呼？”“当然不是。”“那么，是不是因为他们不知道怎么建造？”“不，也不是那个原因。”“那么，是不是因为他们不知道怎么做鞋呢？”“这些原因都不是，”欧西德莫斯回答，“原因恰好相反，大多数至少知道一些这些技艺的人，才被称为像奴隶一样的人。”“那么，是不是因为这些人不懂得什么是高尚、善良和正义，才被这样称呼的？”“我认为是这样的。”“那么，我们是不是要努力不去做像奴隶一样的人？”“但是，我向神明发誓，苏格拉底，我完全相信自己追随的是一个明智而有哲理的学习，我通过这样的学习希望能够更有效地履行自己的责任，真诚地追寻荣誉和美德；但是，你现在可能会觉得，当我认识到这样一个现实，那就是我花费了那么多的辛勤，却不能够回答你所提出来的那些我应该比别人更懂的问题，我该是多么沮丧啊！而且，我也不知道用什么样的方法，才能够提高自己。”

苏格拉底说道：“欧西德莫斯，请告诉我，你去过德尔菲吗？”“啊，我去过两次。”欧西德莫斯回答。“那么你注意过神庙墙上刻着‘认识你自己’那几个字吗？”“我看到过。”“那么你有没有思考过那几个字，或者曾想要去努力审视自己，看看自己到底是怎样一个人吗？”欧西德莫斯回答道：“哦，我还真没有想过，我以为我已经对这些事知道得很全面了，因为如果我连自己都不认识，我还能说自己知道其他的一些事吗？”“那么，你是认为，一个人只知道自己的名字就算认识了自己，还是要像买马的人那样，只有知道马是温顺还是难以驯服，是强壮还是软弱，跑起来速度是快还是慢，对于买马人是有好处还是有坏处，才能够判断自己是否了解这匹马呢？所以，一个人要事先知道自己对于别人有什么样的用处，才能够了解自己的能力，是这样吗？”“如果是这样的话，”欧西德莫斯回答，“那么，在我看来，显然不认识自己能力的人就不算认识自己吧。”“但是，难道这不够明显吗？”苏格拉底说道，“人们认识了自己，从而收获了大量的好处；而自我欺骗的后果就是众多不幸。因为，那些认识自己的人，知道什么事适合自己，能够分辨自己能做和不能做的事；他们的行为和自己的能力相符，得到了自己需要的东西，相当成功；他们避免去做自己不懂的事，不会受到责备，远离灾祸。所以，他们也能够对别人做出一个评估，他们从与别人的交往中，获得了好处，避开了不幸。而那些不认识自己的人，在自己的能力方面欺骗自己，在其他人和其他人的事情上也是如此；因为他们既不理解他们所要的东西，也不知道相处的人有什么特点，这些错误让他们不知道什么是好的，从而导致了灾难。另外，那些知道自己在做什么的人，在所做的事情上获得了成功，受到了尊敬和赞扬。那些和他们相像的人乐于与他们为伴，那些走错路的人则想要获得他们的建议，很尊重他们，渴望得到这些人的庇护，并把美好的希望寄托在他们身上，总之，与其他人比起来，他们更爱这些人。但是，那些不清楚自己在做什么的人，他们在生活中作了不快乐的选择，在各种事情上都以失败告终，不仅遭受了痛苦和责罚，还由于这个原因，成为被耻笑和嘲弄的对象，生活过得卑微而没有尊严。国家的情况也是这样，你看，如果自不量力地与那些军事更强大的国家交战，要么就完全灭亡，要么就失去自由，成为奴隶。”

然后，欧西德莫斯说：“苏格拉底，你就安心吧，基于你说的这些，我也认为自我认识是最重要的一个品质，但是我想向你请教，我们要从哪里开始寻找对于自我的认识呢？”“好，那么，”苏格拉底问道，“我想你完全知道好东西和坏东西的区别吧？”“当然啦，”欧西德莫斯回答，“否则的话，我连奴隶都不如了。”“那么，请你说说看吧。”苏格拉底说。“这个肯定不难，”欧西德莫斯回答道，“首先，我认为一个人处于健康状态是好事，生病了则是坏事。其次，能够让人健康的饮食是好的，而导致疾病的饮食则是坏的，饮食就是健康不健康的原因。”“那么，”苏格拉底说，“对于健康和疾病来说，当它们是好事的原因时，那就是好的，当它们是坏事的原因时，那就是坏的了？”“但是，”欧西德莫斯问道，“健康会是坏事的原因，疾病则是好事的原因吗？”“有人会由于身体强壮而参加了失败的陆战或海战，失去了生命，有人因为身体不健康被留下，则活了下来。”“是的，但是，也有人由于身体强壮而参加了有利的事业，有人因为身体不健康而无所事事啊。”“那么，有没有这样的事情，那就是这件事有时候有好处，有时候没有好处，让人觉得它要么是好的，要么是坏的？”

“的确，这样来看的话，人们就下不出确定的定义来。

但是，苏格拉底啊，智慧毫无疑问是一件好事，因为有什么事情，一个人聪明会比无知来得不好呢？”“那么，”苏格拉底问道，“你难道从来没有听说过代达罗斯吗？他被米诺斯囚禁，并因为智慧而被迫成为奴隶，被国家放逐，失去了自由；当他想要和儿子一起逃跑的时候，失去了儿子，也不能自救，而是被野人抬走，第二次成为奴隶。”“啊，我知道这样的传说。”“那么，你从来没有听说过帕拉墨得斯的灾祸吗？事实上还有一首和他有关的歌，由于他的智慧，他被奥德修斯嫉恨，并被处死了。”“人们确实也说过这个故事。”欧西德莫斯回答。“那你知道有多少智慧的人被带到君主那里，并沦为奴隶吗？”

“但是，苏格拉底，”欧西德莫斯说道，“幸福无疑是好事吧？”“是的，欧西德莫斯，”苏格拉底说，“除非有人是用有疑问的好东西构成幸福。”“但是，有什么是构成幸福的有疑问的好东西呢？”欧西德莫斯问。“没有什么东西是有疑问的好东西，除非我们把幸福和美貌、力量、财富、光荣等这些东西连在一起。”苏格拉底回答。“但是，”欧西德莫斯说道，“我们必须把这类东西和幸福联系起来，否则，人们因为什么而幸福呢？”“好，那么，”苏格拉底说道，“我们就把那些让人类产生麻烦的事情和幸福联系在一起。有很多人由于美貌而被人毁了，他们疯狂地陷入对于美貌的爱恋；而有很多人高估了自己的力量，从事了那些自己力不能及的事，导致悲剧的产生；还有很多人，由于富有而遭人暗算，黯然失色；而很多人因为他们突出的地位和政治权利，遭受了巨大的不幸。”欧西德莫斯说：“好吧，那么，如果连幸福都不能说是好的，我就不知道人们该向神明乞求什么了。”

“但是，”苏格拉底说道，“也可能你没有深入思考这些事情，因为你觉得自己已经充分了解它们了，但是，既然你准备做一个民主国家的首领，你毫无疑问就要知道什么是民主吧？”“我想，当然是这样的。”欧西德莫斯回答。“那么，在你看来，一个不知道‘民’是什么的人，有可能知道什么是民主吗？”“当然不能。”欧西德莫斯回答。“那么，你认为民是什么呢？”“我以为民就是国家里贫穷的阶级。”“那么，你也知道哪个阶级是富有的吧？”“就像我知道哪个阶级是穷人一样。”“那么，你认为哪一类人是富有的，哪一类人是贫穷的？”“那些买不起生活必需品的人是穷人，那些富有余足的人都是富人。”“那么，你有没有注意过，有些人拥有的很少，却足以利用，而有些人有很多财产，却总觉得不够？”“是的，”欧西德莫斯回答道，“你说得很对。我甚至听说有些僭主，他们是如此不满足，以至于像最穷的人那样做不正义的事情。”“那么，如果是这样的话，”苏格拉底说，“我们必须把这些僭主也放在‘民’之中，而把那些财产不多，但是很善于管理的人列为富人。”欧西德莫斯回答道：“很明显，我对于管理才能的欠缺迫使我承认这一点，而我想，我是不是应该保持沉默，因为我好像什么都不知道。”

他心情沮丧地离开了，他非常自卑，认为自己事实上连一个奴隶都不如。

许多被苏格拉底以同样的方式对付的人，都不再找他了，不再到他跟前来了；他把这些人看成是迟钝的蠢材。但欧西德莫斯认为，要成为一个有名望的人，只能尽可能多地和苏格拉底交往，除此之外没有其他方法了。所以，除了一些重要的事务，他都没有离开过苏格拉底，甚至还模仿他日常的习惯。

当苏格拉底看到欧西德莫斯这样的表现时，就不再盘问他，而是以他能够适应的、最通俗易懂的方式向他解说，把自己认为他最需要知道的事和在实践上最有好处的方法告诉他。

第三章

苏格拉底从来不催促他的追随者成为优秀的演说家、管理者或者商人，而是偏向于让他们完成包括自我节制在内的任务；因为他认为，没有一个节制的头脑，而单单具有能力的人，往往会做些不正义和祸害的事。

所以，苏格拉底首先努力让他的门徒对神明保持自制。因此，在他和各种人交谈这个主题时，有些人记录了他的言论。我本人在他和欧西德莫斯谈论时，听到了如下这些话。

“欧西德莫斯，请告诉我，”苏格拉底说，“你有没有想过，神明是怎样细心地满足人类所有的需要的？”欧西德莫斯回答：“啊，我从来没有想过。”“不过，你至少应该知道，”苏格拉底说，“首先，我们需要光明，于是神明赐予了我们，是这样吗？”“的确是这样的，”欧西德莫斯回答，“如果我们没有光明，就不能使用眼睛，那就是盲人了。”“除此之外，我们还需要休息，于是神明就把黑夜赐给我们，把它作为睡眠的最好时间。”“这的确也是神明的恩赐，”欧西德莫斯回答，“确实值得我们感激。”“因为太阳的光亮，我们有了白天，而由于夜晚的黑暗，很多东西都很难分辨，神明难道没有让星星在夜晚闪闪发光，让我们知道夜晚的来临，并且帮助我们完成很多必须做的事情吗？”“是这样的。”“还有，月亮不仅让我们可以划分黑夜和白天，而且还让我们得以按月历记日呢。”“的确是这样的。”欧西德莫斯回答。“还有这样一个事实，神明看到我们需要食物，就让它们从地里长出来，为它们的生长安排了合适的季节，不仅提供给我们丰富多彩的食物，还让我们满心喜悦。这又如何呢？”“所有的这些恩赐，”欧西德莫斯回答，“也都表明了他们对人类的喜爱。”“神明还赐予我们水，这对于生长繁殖都很重要，所有的作物在土地的滋养和季节的更替下，生长繁殖，为我们提供营养。如果水和其他食物混合的话，我们更容易消化，吃起来也更健康、更开心；由于我们需要这样的东西，神明就提供给了我们，毫不吝惜。”“这也证明他们对我们的远见。”欧西德莫斯回答。“神明还赐予我们火，以保护我们不受冻，远离黑暗，火还成为人类在任何工艺和任何必要的职业上所使用的辅助工具，是这样吗？简言之，如果人们没有火的帮助，就没有什么事情可以满足需要了。”“这也表明神明对于人类的无比关怀。”欧西德莫斯回答。“他们还让空气自由地环绕着我们，不仅保护和养育了我们的生命，还让我们借助空气的流动得以穿越海洋，并通过航行到地球不同的地区，买到各式各样生活的必需品，这难道不是一种难以衡量的好处吗？”“这的确是无以言表的。”欧西德莫斯说。“还有，冬至以后太阳转回，随着它的接近，一些作物成熟，一些在其他季节生长旺盛的作物凋零。当它完成这样的事情后，它也不再向我们接近，而是掉转方向离开我们，担心对我们提供的热量太多，给我们带来伤害；此外，当它在远离我们的时候，它到了一定的地方就会停止，害怕离我们再远一些，就会让我们受冻，然后它会再转变方向，接近我们。它在宇宙中就是这么循环移动，难道不是对我们最大的帮助吗？”“是啊，”欧西德莫斯回答道，“这些自然法则看起来都仅仅是为了造福人类才设立的。”“还有（既然很明显，如果太阳突然变化位置，无论是热或是冷，我们都会难以忍受），太阳是逐渐接近我们的，离开我们时也是缓缓地，我们看不到极端的热和极端的冷，是这样的吗？”“我确实在想，”欧西德莫斯回答，“神明除了管理人类的需要，是不是还要从事别的事务；我只有一点难以想通，那就是其他动物也享受着这些好处。”苏格拉底问道：“不过，这些动物的存在也是为了做人类的食物，难道这一点不是很清楚吗？除了人类，还有什么生物从山羊、绵羊、马、牛、驴等动物身上得到各种各样的好处呢？确实，对我来说，这些动物身上的东西要比蔬菜来得更有价值，或者说，至少人们从前者上所获得的营养以及财富，并不比后者少。许多种族的人，都不吃田地里长出来的蔬果，而是靠牲畜获得奶、干酪和肉类来维持生活；所有人都会驯服和饲养有用的牲畜，把它们用在战争中，还用于其他的众多目的。”“所有这些你说的，我也都同意，”欧西德莫斯说道，“因为我看到许多动物，即使比我们强大，也对人类如此驯服，人类可以随心所欲地使唤它们。”“还有，由于美丽和有用的东西存在的方式各不相同，神明就赐给人适应它们的不同感觉，我们通过这些感觉，能够享受这些东西的不同好处；神明还为我们提供了理智，让我们用理智分辨所感觉的食物，并保存在记忆中，学习到每一样东西的好处有多少，并且造出很多发明来享受好的，远离坏的。神明还赐予我们讲话的能力，好让我们交流知识，为别人祝福，制定法令，从事国家事务，难道不是这样吗？”“苏格拉底啊，好像神明在所有方面都给予了人类最大的关怀。”“并且，由于我们不能预算将来有什么事会对我们有利，他们也帮助我们在占卜中显示出事情的走向和结局，并指导人们做出最好的选择，难道不是这样吗？”“苏格拉底，”欧西德莫斯说道，“你不问神明，他们就事先告诉你什么是你应该做，什么是你不应该做的，如果是这样的情况的话，至少，神明对你显得好像比对别人更为友好。”“无论如何，你自己会承认这样的事实，如果你不是期待看到神明的样子，而是满足于看到他们做的事情，并且敬拜和尊重他们。你也可以想一想，神明自己也向我们指示，我们应该这样做。其他的神明在赐给我们好东西的时候，都没有让我们轻而易举地得到。唯有掌管和维持宇宙的那位神明，存在于一切美好的善良的东西中，他让宇宙完整无缺、秩序井然，为万物使用而永不衰老，宇宙服从神明的命令比思考的速度还要快，不带任何背离的思想。这位神在施行工作时确实是展现在我们面前的，但是我们看不到他本身。请你再想想，虽然太阳对所有人都是显而易见的，但是人们也不能忍受长时间的注视，任何尝试凝视的人都会被太阳夺走视力。同样，神明的代理人对你们来说也是看不到的。虽然闪电来自高处，打击到了所有站在它那里的东西，但是我们看不到它靠近、接触或离开。我们也看不到风本身，虽然我们能够看到它们的威力，也能够感觉到它们的来临。人类的灵魂也是这样，它是神性的一部分，显然控制着我们，但它本身是看不到的。因此，考虑到这些事情，你就不能因为神明不可见而轻视他们，而是要认识到他们所做的事情上展现出的能力，对他们心存敬畏。”“苏格拉底啊，”欧西德莫斯说道，“我的确深信，我对于神明不能够不尊重，但是，当我想到没有人能够为神明的偏爱提供足够的报答时，我就灰心丧气了。”“欧西德莫斯，不要因为这个而丧气，”苏格拉底说道，“你难道不知道，当人们询问德尔非的神，怎样报答他们时，他们所说的‘根据你国家的规矩’吗。而我认为普遍盛行的规矩就是，人们应该根据自己的能力向神明供奉祭品。那么，除了遵从神明的吩咐来做，还有什么更好或者更虔诚的行为呢？不过，我们不应该不尽自己的所能，因为当一个人这么做的时候，我觉得他显然就是不够尊重神明。那些不尽自己所能去尊奉神明的人，就不会高高兴兴地期待神明最大的祝福，因为没有人能够不付出力所能及的最大帮助，就能合理地期待最大的好处，也不能保证他们得到神明的眷顾，获得满足。”

苏格拉底通过这样的言论，以及与此相符合的行为，使得那些和他交往的人更加虔诚和自制起来。

第四章

的确，苏格拉底也并不隐瞒自己对于正义的看法，他反而在自己的行为中公开展示出来。在私人生活中，他平等地对待和帮助每一个人，在公众生活中，他遵守法律规定的所有事情。他就以这样的方式，无论是作为公民还是士兵，都由于恪守规则而明显高于其他人。而当他作为议会主席的时候，他不会让民众通过不合法的判决，而会让自己面对群众的暴力，我觉得这是其他人不能够忍受的。当三十僭主命令他做一些违背法律的事情时，他拒绝服从。所以，当他们禁止他和青年谈话，并要求他处死一些公民时，他独自一人违抗了他们的命令，因为他认为这样做是非法的。还有，当他审判迈雷托的指控时，虽然其他人在辩论时习惯于说讨好法官的话，甚至直接越过法律去阿谀奉承法官，但是他却不会在受审的时候做出任何这些看似普通却违反法律的事情，虽然他稍微这么做一下就可以轻易获得法官的释放，他却宁可选择为维护法律而死，而不要违反法律求生。

他和别人谈话的时候也经常这么说，我知道，他有一次和艾利斯人希庇亚斯进行了这样的一场对话。

希庇亚斯在离开雅典很长一段时间后回来，他看到苏格拉底在和一个人交谈。苏格拉底说，如果一个人想要在制鞋、建筑、铸铜或骑马上得到指导，那么无论什么困难都要送他去学习（还有一些人认为，就算有人想要让他的马和牛受到训练，会训练的人也到处都是）。可是如果一个人想要学习正义，或者将它教给自己的儿子或仆人，他自己却不会知道哪里可以遇到教授正义的人，这是很奇怪的事。希庇亚斯听到这些话的时候，开玩笑地说："苏格拉底，你还在重复我很早以前就从你那里听到的这些话吗？"苏格拉底回答道："是的，希庇亚斯，更奇怪的是，我在说同样的主题，而你可能在走马观花地学习之后，对同一主题你会做出不同的审视。""当然，"希庇亚斯回答，"我总是试图讲一些新的东西。""那么，对于你确实知道的话题，你的回答是不是也和从前不一样呢？例如，对于字母来说，如果有人问你，'苏格拉底'这个名字里有多少字母，是哪些字母，你会不会以前这么说，现在又那么说呢？或者对于那些问你数学的人，5的两倍是不是等于10，你难道会在不同的时候给出不同的答案吗？""对于这样的话题，苏格拉底，"希庇亚斯回答道，"我会像你一样，重复之前说过的答案。但是对于正义，我确信，我现在所知道的是你和其他人难以反驳的。”“啊，那么，”苏格拉底喊道，“你就是说自己找到了极大的益处，如果是这样的话，我们的法官就不会有不同的判决，我们的公民也会停止争论什么是公正，也不会打官司和争吵了，我们的国家对于什么是正义也不会有冲突的观点，更不会导致战争了。而我也几乎没有感觉到要离开你的意思，我只有在知道你的看法之后才走。”“但是啊，”希庇亚斯说道，“在你自己宣布所认为的正义是什么之前，你是不会知道的；因为你总是经常嘲笑、质问、迷惑别人，却从不愿意给他们一个明确的定义，或者在一个主题上清楚地表达自己的观点。”“希庇亚斯，那要怎么做呢？”苏格拉底说道，“你难道没有注意到，我从来没有停止表达我对于正义的看法？”“那么，你对于正义的定义是什么呢？”“如果我没有用言语给出定义，但是用行动说明，那么，难道你不觉得实践会比理论更能够经受住检验吗？”“当然是这样的，”希庇亚斯回答，“因为很多人说着正义，却行为不正，而行为正义的人不可能是一个不正义的人。”“那么，你有没有曾听说过，我做了伪证、诽谤，或者参与了对国民的煽动，或者做了任何不正义的事情呢？”“我没有听说过。”希庇亚斯回答。“难道你不认为，克制自己不做不正义的事就是正义的吗？”“很显然，苏格拉底，”希庇亚斯说道，“就算是现在，你也在设法逃避将你所认为的正义讲出来，因为你现在说的正义并不是要做什么，而是不要做什么。”苏格拉底说道：“但是，对我来说，我认为不愿意做不正义的事情，就足以证明是正义的；如果你认为不够，那就看看下面说的是不是能让你满意：我认为，只要是符合法律的事就是正义的。”“那么，苏格拉底，你就是说，遵守法律和正义是一样的事，是这样吗？”“我当然是这么认为的。”苏格拉底回答。“但是，我弄不懂，你说的遵守法律的行为是什么样的，正义的行为又是什么样的？”“可是你知道国家的法律呀。”苏格拉底说。“我知道。”希庇亚斯回答。“你认为它们是什么样的呢？”“它们是公民制定，告诉我们可以做什么，不可以做什么。”“那么，”苏格拉底问道，“一个遵守法律的人就是守法的，而不按法律做的人就是不守法的。难道不是这样吗？”“当然是的。”希庇亚斯回答。“那么，那些守法的人就是在做正义的事，而不守法的人就是在做不正义的事，难道不是这样吗？”“是的，不然又会怎样？”“所以，遵守法律的人就是正义的，违反法律的人就是不正义的。”“但是，苏格拉底，”希庇亚斯问道，“人们看到法律经常被废止或修改后，又怎么会觉得法律或遵守法律很重要呢？”苏格拉底说道：“国家也是这样呀，它们会打仗，又会经常和好。”“是的，经常是这样。”希庇亚斯说。“那么，你轻看遵守那些可能会被废止的法律的人，或者你责备那些鲁莽出战最后换来和平的人，你以为这两者之中有什么区别吗？难道你会反对那些战争期间积极支持自己国家的人吗？”“不，我当然不会。”希庇亚斯回答。“那么，你有没有听说过古代斯巴达的莱克格斯，如果他没有在斯巴达建立遵守法律的精神，就不会让斯巴达不同于别的国家了。对于国家的统治者，你难道不知道最有效地实施法律，就是最好的吗？国家里守法的人民，是在和平中过得最好的，也是在战争中最难抵抗的。此外，同心协力被认为是国家最大的福祉，参议员和领导者一再劝说人民这样做；在整个希腊，有一条法律盛行，那就是国家的成员发誓要和谐相处。我认为这并不是为了让人民唱同样的赞歌，或者一同赞美同一个演奏者，又或者是认同同一个人，喜欢同样的娱乐，而是让他们遵守法律。因为当民众遵守了这些法律，国家也会更加强大、更加繁荣；而如果没有齐心协力，一个国家得不到很好的管理，一个家庭也得不到合理的维持。作为一个公民，除了遵守法律，还有什么能够更加让他避免国家的惩罚、获得更多尊重呢？他又怎样做才能在法庭上少一些挫败，多一些胜利呢？除了遵守法律的人，还有谁值得信任，托付他照看财产，或者照看自己的儿子或女儿的呢？父母、亲属、家奴、朋友、同胞或陌生人更有可能从谁那里获得权利呢？敌人又会更愿意信任谁才会休战、谈判、缔约或者建立和平呢？或者说，人们更渴望找到一个遵守法律的人来结交同盟，同盟者又会更愿意让谁去带领自己、保护要塞或城市呢？和一个尊重法律的人相比，人们还会指望谁更知恩图报呢？除了那些被认为会报恩的人，人们又宁愿向谁施恩呢？又或者说，除了这样的人，人们还会更期待谁成为自己的朋友，更反对他做自己的敌人呢？除了这样的人，人们会与谁不争吵、最为友好、没有分歧呢？大多数人希望和谁成为盟友，只有极少部分的人会对其产生怨恨和对抗呢？因此，希庇亚斯，我说的遵守法律和正义的意思是一样的。如果你有不同的意见，请和我说说吧。”“但是，说真的，苏格拉底，”希庇亚斯回答道，“我认为我在正义方面的观点和你的没有什么不一样。”“希庇亚斯，”苏格拉底问道，“那么你知道不成文法吗？”“这些是每一个国家对于同样的一些问题的相同法律。”“那么，”苏格拉底问道，“你能不能确定，这是人类制定的？”“他们怎么可以做得到呢？”希庇亚斯问道，“因为不可能都聚在一起，也不能使用同样的语言啊。”“那么，你认为这些法律是谁制定的呢？”“我想，”希庇亚斯回答道，“这是神明为了指导人类而制定的，因为所有的人都把敬拜神明作为首要的法律。”“难道孝敬父母不也是一条普遍的法律吗？”“是这样的。”“父母不可以和子女结婚，子女也不可以与父母结婚，难道不也是一条吗？”“苏格拉底啊，”希庇亚斯回答道，“在我看来，这已经不是神所制定的一条律法。”“为什么不是呢？”苏格拉底问。“因为我发现有些人违反了这条法律。”希庇亚斯回答。“他们还违反了很多其他法律，”苏格拉底说，“但是，那些不遵守神明的律法的人，都难以逃避惩戒，而如果一个人违反了人类制定的法律，则经常可以掩盖罪行，或者用暴力来逃避惩罚。”“但是，苏格拉底，”希庇亚斯问道，“父母与子女，或者子女与父母结婚，所不能逃避的惩罚是什么样的呢？”“自然是最重的惩戒，”苏格拉底回答，“因为还有什么比生了不好的孩子更不幸呢？”“为什么他们一定会生不好的孩子呢？”希庇亚斯问道，“如果双方是好人，也没有任何阻碍。”苏格拉底回答道：“因为生育子女的人应该不仅是好人，还应该是体力旺盛的人；难道在你看来，那些处于体力旺盛阶段的人和那些还未到这个阶段，或者已经过了这个阶段的人，他们是一样的吗？”“哦，当然不是一样的。”希庇亚斯回答。“那么，这两种人，哪一种是更好的呢？”苏格拉底问。“显然是处于体力旺盛阶段的人，”希庇亚斯回答。“那么，体力不旺盛的人的子女，就一定不够强壮了吗？”“的确，这是有可能的。”希庇亚斯回答。“那么，这样的人就不应该有家庭了吗？”“他们是不应该有。”希庇亚斯回答。“所以，在这样的身体状态下生出的子女会是不该生的了？”“在我看来是这样的。”希庇亚斯回答。“如果是这样的话，这些人除了生出不好的孩子，还会怎么样呢？”“这一点，我同意你的看法。”希庇亚斯说。“除此之外，人们应该报答那些行善的人，难道不是一条普遍的律法吗？”“是这样的，不过人们也经常违反这条法律。”希庇亚斯说。“那些违反这条法律的人，难道没有受到惩罚吗，他们会丧失好友，或者不得不去乞求那些怨恨自己的人。那些对熟识的人表示友善的人难道不是好的朋友吗？而那些不知道回报的人，难道不会因此而被人怨恨吗？不过，因为他们和善待自己的人结交会有好处，他们岂不是仍然给予最大的奉承吗？”“的确如此，苏格拉底，”希庇亚斯说道，“所有这些看起来都像是神明制定的原则，因为这些法律本身就会给触犯的人以惩罚，在我看来，这些法律比人制定的好多了。”“那么，希庇亚斯，你认为神明制定的法律，是和正义一致，还是和正义违背的呢？”“当然是和正义相一致的。”希庇亚斯回答，“因为如果神明都不能制定正义的法律，几乎就没有人可以这么做了。”“那么，希庇亚斯，显而易见的是，正义和遵守法律是一样的意思，这一定也是符合神明旨意的。”

通过这样的对话和这样的行为，他让自己的追随者成为更正义的人。

第五章

现在，我要继续讲讲苏格拉底怎样让那些和自己交往的人成为更有实践能力的人。

在他看来，自制对任何一个即将从事重要事业的人都有着不可估量的好处，他比任何人更会以自己的亲身实践向门人证明这一点，并且，在他的言论中，他也劝说门徒这么做，认为这是比其他事情更必须做到的一点。所以，他坚持把那些有益于这项美德的事情记下来，还不断提醒自己的门徒，并指出方向。我知道有一次，他和欧西德莫斯做了下面这场关于这个主题的谈话。

“欧西德莫斯，请告诉我，”苏格拉底说道，“你是否认为，对于国家或个人来说，自由是非常宝贵而崇高的财产？”“是的，我认为它比其他财产更好。”欧西德莫斯回答。“那么，如果一个人受制于自己的肉体愉悦，以至于无力再遵从最高的灵魂指挥，你认为他是自由的吗？”“绝不是自由的。”欧西德莫斯回答。“可能在你看来，尽可能做最好的事就是自由，而被影响无法做事，在你看来就是缺少自由了吧？”“当然如此。”欧西德莫斯回答。“那么，对你来说，无法自制的人，怎么看都是没有自由的人吗？”“是的，的确如此。”欧西德莫斯回答。“那么，你认为，那些不能自制的人仅仅是无法尽可能做最好的事情，还是被迫做了最可耻的事呢？”欧西德莫斯回答道：“我认为，他们既是被迫去做最可耻的事，又是受到阻碍无法做最好的事。”“那么，你认为那些阻止别人做最好的事，又逼迫别人做最有害的事的主人是什么样的呢？”“他们可能就是最坏的主人了。”“那你觉得什么样的奴隶是最坏的呢？”“我认为由最坏的主人控制的奴隶就是最坏的。”欧西德莫斯说。“那么没有自制的人不就是最有害的吗？”“我想是这样的。”欧西德莫斯回答。“不能自制让人远离最伟大的智慧，在你看来岂不是让人走向罪恶吗？难道你不认为，不能自制会让人沉迷于快乐，让那些知道善恶的人失去判断能力，让他们更愿意做坏的事而不是好的事，并阻碍了他们学习知识？”“的确是这样的。”欧西德莫斯回答。“而且，对于这样的人，是否可以预测，他是受到清醒头脑的控制还是无法自制？因为在我看来，清醒的头脑和无法自制是完全相反的。”“我也同意这个观点。”欧西德莫斯回答。“你认为，除了不能自制，还有什么会更让人忽视任何崇高的事的呢？”“我想确实没有了。”欧西德莫斯回答。“一个人宁可选择对他有害的事情，而不去选择有益于他的事情，他偏好前者忽略后者，他追求一种完全和理智的头脑所追求的相反的事，难道你不认为没有比这更差的事情了吗？”“我想没有更差的事了。”欧西德莫斯回答。“所以，自制产生的效果和不能自制的效果完全相反，难道不是有可能的吗？”“当然了。”欧西德莫斯回答。“那么，产生与不能自制相反效果的事，对人来说是最大的益处，难道不是这样吗？”“是这样的，苏格拉底。”欧西德莫斯回答。“这样看来，自制对于人就是一件大好事了，是吗？”“可以这样说，苏格拉底”欧西德莫斯回答。“那你有没有想过这样的事情？”“什么事情？”欧西德莫斯问道。“事实上，不能自制给人带来的是假装的快乐，而自制带来的是真正的快乐。”“为什么是这样的呢？”欧西德莫斯问。“因为不能自制从来不会让人想到对于食物、水、情欲或睡眠的需要，光是对于这些需要的感受就能够让人真正地享受吃喝、情欲，让他们躺下平静地睡觉，所以，不能自制剥夺了这些乐趣（如果这样说合适的话），甚至对于最必需和最平常的事都是如此。而且，光是自制就能够让人抵抗上述需要的过度满足，让人们找到真正的满足，实至名归。”“你说的全部都是毫无疑问的。”欧西德莫斯说。“不过，除此之外，一个人通过学习什么是崇高和美好的，学习会让他得到很好的锻炼，并会令他能够管理家庭事务，让自己成为对国家和对自己都有用的人，让敌人感到痛苦的知识（这些知识不仅有最大的好处，还有最多的快乐），自制的人从这些行动中获得了满足，这对于不能自制的人来说是不能做到的。我们可以更加自信地确定，这些人比那些急切想要获得眼前短暂快乐的人，更有可能获得这样的满足，难道不是这样吗？”

接着，欧西德莫斯说道：“苏格拉底，我觉得你好像在说，那些沉溺于肉体愉悦的人无法获得任何德行。”“欧西德莫斯，”苏格拉底问道，“请你想想，一个不能自制的人和最无知的牲畜，在什么地方有区别呢？任何一个人，如果不重视最高的利益，而是不断地追求唾手可得的任何快乐，他的行为和没有理智的野兽又有什么区别呢？但是，光是有自制这一点，就能够让人有能力去衡量什么是最好的，他会在言行上分别不同的追求，用这样的方式，选择好的事，避免坏的事。”

苏格拉底说，就是这样的力量，才让人最有德行、最快乐，也最有理智。因为他说“推理”就是来自人们聚在一起，在各种主题上进行辩论，根据这些事物的本质进行辨别。因此，他认为每个人理所应当让自己擅长推理的方法，尽可能勤奋地学习，因为通过这样的方式，人们才会成为最有价值、最适合指导别人、最善于辩论的人。

第六章

现在，我要试着证明，苏格拉底确实让他的门人更善于辩论。因为他认为，了解每件事存在的本质，就最有能力向别人解释，但是他又说，那些没有这类知识的人，毫无疑问既是在欺骗自己，又是在误人子弟。所以，他从未停止和他的门徒深入探讨每件事存在的本质。

想要把他在无数言论中使用的术语的定义都详细地记录下来，是巨大的任务，但是，我把那些我认为能够达到目的的记录下来，以证明他是如何开展探究的。

那么，首先是他关于虔诚本质的看法，大致如下。

“欧西德莫斯，”他说，“请告诉我，你认为虔诚是什么？”“人类最主要的优点。”欧西德莫斯回答。“那么，你能定义什么样的人是虔诚的吗？”“在我看来，”欧西德莫斯回答道，“就是那敬拜神明的人。”“人可以根据自己的想法去敬拜神明吗？”“不可以，有一些律法规定了我们要如何敬拜他们。”“所以，那些最熟悉这些律法的人，就最有可能是以合适方式尊敬神明的吧？”“我认为是这样的。”欧西德莫斯回答。“因此，一个知道怎样敬重神明的人，岂不是也知道他不应当以不同于自己所知道的方法来敬神吗？”“我想是这样的。”欧西德莫斯说。“那么，知道如何尊奉神明的人会按照律法的指导去做吗？”“他当然会这么做。”“他不会不遵从律法的规定，不像应该做的那样去敬拜吗？”“怎么会呢？”“那么，以他必需的方式尊奉神明的人，是一个虔诚的人吗？”“至少在我看来是这样的。”欧西德莫斯说。“不过，对于我们对待同胞的行为，是不是可以像每个人想的那样做？”“不可以，对于同胞也不能这样做，人们知道要按照法律的规定做事，需要遵守规定，符合法规。”“那么，那些违反这些原则做事的人，是合适的行为吗？”“怎么会是合适的呢？”欧西德莫斯回答。“那些按照他们应该对待别人的方式去做的人，难道不是做得很好吗？”“当然如此。”欧西德莫斯说。“那些对人做得好，难道不是在其他事情上也做得很好吗？”“很有可能是这样。”欧西德莫斯回答。“那么，那些遵守法律的人就是行为正义的人吗？”“的确如此。”欧西德莫斯回答。“你认为什么样的行为是正义的呢？”“法律认可的事。”“所以，那些遵守法律的人，行正义之事，做应该做的事，是这样吗？”“怎么不是这样呢？”“所以，那些做正义的事的人就是正义的人吧？”“我认为当然是这样。”欧西德莫斯说。“但是，你认为不知道惩罚是什么的人会遵守法律吗？”“当然不会。”欧西德莫斯回答。“如果人们知道他们应该做什么，你觉得有人认为他们不应该这么做吗？”“我想不是这样的。”“所以，那些知道什么是符合法律的人，就是行为正义的吗？”“如果他们不是，还有谁是呢？”欧西德莫斯问道。“那么，我们把正义的人定义为那些知道什么是对人来说符合法律的事，不就是对的吗？”“在我看来的确如此。”欧西德莫斯说。

“我们应该怎么定义智慧呢？告诉我，在你看来，因为人知道一些事才是有智慧，还是有人不知道一些事情却也是有智慧的？”“人们显然在他们知道的事情上是智慧的。”欧西德莫斯回答，“因为不懂的人怎么会是聪明的呢？”“那么，有智慧只因为有知识吗？”“人除了通过知识，还能用什么方法变得有智慧呢？”“那么，你认为除了使人有智慧的事以外，还有什么是智慧吗？”“我认为没有。”“所以，知识就是智慧吗？”“这样看来，我想是这样的。”“但是，你认为一个人能知道世上所有的事吗？”“啊，当然不能。在我看来，只能知道很小的一部分而已。”“那么，每一个人都是在他知道的一个特定事物上才显得有智慧吧？”“我想是这样的。”欧西德莫斯回答。

“欧西德莫斯，我们是不是可以用同样的方式看看，善是什么？”“你是什么意思？”欧西德莫斯问。“你是否觉得同样一件东西，对于所有人都是有用的呢？”“我认为不是。”“那么，你觉得有些东西对一个人是好的，对另一个人则是不好的，是吗？”“的确是这样的。”欧西德莫斯回答。“那么，除了有益的东西以外，你是不是也把另一些东西叫作善呢？”“我不会这样做。”欧西德莫斯回答。“那么，无论如何都是有益的东西，就是善的了吧？”“我想是这样的。”这是欧西德莫斯的回答。

“你能不能定义美呢？如果有什么事物具有这样的属性，除了将其描述为美（可能是一个人、一个容器或者其他东西）你还能够把你认为的感觉说出来吗？”“当然不能。”欧西德莫斯回答。“因此，一个特定的有用的东西，不管是用来做什么的，只要有用，那就是美的，是这样吗？”“毫无疑问是这样的。”欧西德莫斯回答。“任何一个东西，如果把它用在所对之有用的事以外的事上，它还会是美的吗？”“没有其他目的了。”欧西德莫斯回答。“那么，有用的东西，对于任何物尽其用的目的，都是美的吧？”“我的观点是这样的。”欧西德莫斯回答。

“还有，欧西德莫斯，你觉得勇气也是属于好的品质之一吗？”“我认为它是最好的品质之一。”欧西德莫斯回答。“那么，你把它看成只对最不紧要的事才有点用吗？”“当然不是，它是对重要的事有用的。”欧西德莫斯回答。“那么，在你看来，对于危险它是有用的，那么无视危险的性质而不害怕是好的行为吗？”“绝不是这样的。”欧西德莫斯回答。“所以，那些由于对危险的性质的无知而不害怕这样的事情的人，是因为他们的性格如此，并不是有勇气，是这样吗？”“不，当然不是，因为如果是那样的话，很多疯子和懦夫反而是有勇气的了。”“那些对不可怕的事反而害怕的人呢？”“他们和别人比起来也是更不勇敢的。”欧西德莫斯回答。“那么，你会不会认为，那些对于可怕而危险的情况表现好的人就是勇敢的，而那些表现不好的就是懦夫？”“当然如此。”欧西德莫斯回答。“你觉得在这样的情况下，除了那些善于应对的人，还有什么人算表现好的？”“没有了。”欧西德莫斯回答。“除了那些不善于应对的人，还有别的什么人能表现得不好呢？”“我还能想到别的什么人是这样的呢？”欧西德莫斯问。“但是，每一阶层的人难道都不是认为他们做了自己应该做的吗？”“不然又会是什么呢？”“那么，那些不能够表现好的人，知道应该怎么做吗？”“我想他们是不知道的。”欧西德莫斯说。“那么，知道应该怎么做的人，只是那些表现得好的人了？”“只有他们能够这样。”欧西德莫斯赞同道。“在这些情况下，那些尚未失去理智的人，并没有表现得不好吧？”“我想不是的。”欧西德莫斯回答。“那些表现不好的人，就是失去了理智吧？”“可能是的。”欧西德莫斯回答。“那么，那些知道怎样在困难和危险面前表现良好的人就是勇敢的，而那些惊慌失措的人就是懦夫吧？”“我看是这样的。”欧西德莫斯说。

君主制和僭主制被他看成是两种政体，但他认为二者是不同的。以人民自己的意志管理国民，遵从法律治理国家的是君主制；违反人民意志，不遵从法律治理国家，而是按照统治者的命令行使的就是僭主制。在任何地方，如果政体由那些遵守法律的人来掌控就是贵族的政府；而根据财富来挑选统治者的就是财阀的政府；而所有人都有资格被选为统治者的就是民主政府。

如果有人在任何观点上和他不同，却不能够确定地阐述，而是毫无根据地断言某人更擅长政治、更勇敢、在任何方面更优越的话，他会用以下这样的对话让整个问题得以验证。"你认为你推崇的人比我支持的人是一个更好的政治家吗？""我是这么说的。""那么，为什么我们不首先想一想，一个好的政治家的本分是什么呢？""那我们就这样做吧。""他难道不会从财政上增加国家的收入，并在这项管理上超出常人吗？""当然如此。""在战争中，他会战胜敌人吗？""不然又会怎样呢？""在外交上，他应该会将敌人转化为朋友吧？""当然是这样。""他在众人集会上发表演说时，是否也会平息暴动，表现出团结一致的精神呢？""在我看来是这样的。"于是，当争论在这样的过程中得出结论时，对于和他持反对意见的人来说，事实也变得明显了。

而当他想要彻底审查一个主题的时候，他会通过这样普遍接受的前提对此进行推理，他认为这是一个开展讨论的可靠方法。因此，他比我知道的任何人都更能让听众认同。并且，他说，荷马将奥德修斯看成具有"可靠的雄辩家"的特征，那也是因为奥德修斯可以从所有人都认同的观点出发开展推理。

第七章

对那些参加讨论会的门徒，苏格拉底总是表达自己真实的想法，我认为这在我先前的论述中已经体现得很明显了。因此，我现在要进一步表明，为了让门徒在适合自己的事务中成为独当一面的管理者，他有多么细心。和任何我认识的人相比，他最急切地想要发现每个追随者各自擅长的知识领域，这样的教导会让他们成为崇高而善良的人，只要是他知道的东西，也最愿意与之交流，倾其所有；对于他不太了解的问题，他会与有专长的人讨论。

他也教导他们，在每一个特定的知识领域里，一个受教育的人要学得多深入才是合适的。例如，他认为自己学习几何学应该达到自己能够在必要的时候正确地计算买卖田地的数量、分配的方法，或者能够说出合适的比例的程度。要获得这项知识很容易，任何一个人，只要用心学习，都会知道可以通过测量了解土地面积，熟悉地掌握测量的方法。相反，他不赞同在学习几何学时钻研复杂难解的图形，认为这会让聪明的人产生困惑，因为他说，他看不到这项学习的实际用途。尽管他本人对于此类学习并非不懂，但他认为这样的学习足以耗费一个人毕生的精力，让他无法获得其他有用的知识。

他也建议自己的追随者熟知天文学，但是也只是到能够在水陆旅行或站岗时分辨夜晚的时辰、月份、节令的程度，这样，当人们从事某项事情的时候，能够利用上面提到的年月或者四季的征兆，开展工作。所以，他说，这些知识能够很方便地从夜晚狩猎者、航船者或其他有必要知道这些的职业的从业者那里获得。但是，他全然反对费心思去研究星体在不同轨道上旋转、行星和彗星、它们和大地的距离、旋转的周期和原因之类的知识。因为他说，他看不到从这样的研究中能够获得什么，尽管他本人也在某种程度上研究过，但他认为，它们也会耗费人的生命，阻碍了人们学习别的有用的知识。

对于一般的天体，他劝说人们不要太透彻地研究神明对于宇宙的摆布，因为他认为这样的事超出了人类的理解范围，也认为人们不要去搞清楚神明不想透露的东西，这是神明能够接受的行为。他也说，一个过于渴望知道这类知识的人，甚至会冒着失去理智的危险，就像阿那克萨哥拉因能够解释神明造化而沾沾自喜丧失理智一样。当阿那克萨哥拉断言火和太阳是相同的时候，却忽略了人们盯着火看容易，却不能一直看着太阳；被太阳曝晒就会变黑，但是火不会有同样的效力。他也没有认识到，没有阳光，田里的庄稼就不会成熟，但被火一烤，就都枯萎了。还有，他断言太阳是一块火热的石头的时候，他忘了石头既不会在火里发光，也不会长时间保持热度；而太阳持续发光发热，在任何时候都是最亮的天体。

他还劝告门人去学习计算，不过，和学习其他知识一样，他警告他们不要付出无谓的努力。无论什么有用的知识，他都会对其进行考虑，和门人一起研究。

同样，他也鼓励和自己交往的人注意身体健康，要向那些知道怎样保养的人学习，也要终生注意，研究吃什么样的食物、喝什么样的水、什么样的运动最适合自己，如何通过这些保持健康的身体状况。因为如果一个人能这样关心自己，要找出一个更加知晓对其健康有利的事情的医生也会是件难事了。

不过，如果一个人想要获得人类智慧所不能提供帮助，他就建议学习占卜，因为他认为那些知道神明用什么迹象指示人们在各项事务中应该怎么做的人，任何时候都不会缺乏神明的指导。

第八章

如果有人认为，苏格拉底虽然宣称神明会预警他应该做什么，不应该做什么，但是他既然被判死刑，这些话就是假的了，这样的人应该考虑到：首先，他年事已高，就算不是当时去世，不久之后也要告别人世了；其次，他放弃的只是最累赘的一段人生，每个人在这样的人生阶段都会觉得智力已经受到损伤了。然而，他还是获得了更多的荣耀，他比任何人都能更加真诚、独立、正直地为自己的案件辩护，以最大的忍耐和勇气接受死刑的判处，从而展示了内心的力量。

的确，人们都认同，没有人会像他这样以高贵的姿态面对命运，因为他曾被迫在判决之后又活了三十天，当时正值德利阿节，根据律法，直到神圣的朝圣团从提洛岛回来才可以当众处死一个人。在这期间，和他熟识的人都看见，他像平常那样度过这一段时期，虽然他在先前就已经因为快乐和轻松的生活方式为人称道。还有人能够像他这样死得更有尊严吗？或者说，什么样的死能够比这样的死更高贵呢？比起最高贵的死，还有什么样的死让人更快乐，而又有什么比最快乐的死更接近神明呢？

我还要再记叙一下从希波尼柯斯的儿子赫莫克拉提斯那里听到的关于他的事。赫莫克拉提斯说，当迈雷托写下针对苏格拉底的控诉状之后，他听到的仍是苏格拉底谈论别的话题，而不谈他受到的控诉，他告诉苏格拉底应该考虑一下怎样辩护，苏格拉底回答的第一句话是："难道你没有看到，我一生都在关注这件事情吗？"当赫莫克拉提斯问他怎样做到的时候，他说，他毕生都在审视什么行为是正义的，什么是不正义的，并根据正义的标准行动，避免去做不正义的事；他把这个看成的最用心的辩护方式。赫莫克拉提斯还这样问："苏格拉底，难道你没有看见，雅典的法官由于言论判处了很多无辜人死刑，却让很多犯罪的人逃之夭夭吗？""可是，赫莫克拉提斯，"苏格拉底回答道，"在我开始想象在法官面前应该做出怎样的辩护时，神明却反对我这样做。"赫莫克拉提斯回复说："你说的真是一个奇怪的事。"

"你觉得这是奇怪的吗？"苏格拉底问道，"如果神明认为我最好结束自己的生命？难道你没有意识到，我拒绝承认到目前为止有人生活得比我更快乐吗？因为我觉得研究如何尽可能好地生活的人就是生活得最好的，而那些感觉在德行上不断进步的人，他们的生活是最愉快的。

“我意识到，对于我自己来说，目前的情况就是这样。当和别人在一起时，作一下比较，我也是同样的看法。不仅我自己是这样，我的朋友也和我抱有同样的观点，这不是因为他们爱我（因为那些爱别人的人会自然地因此而和他们爱的人观点相同），而是因为他们认为自己的性格在和我的交往中得到了提升。

“如果我活得更长，我可能不得不忍受年老的痛苦，失去视觉和听觉，智力衰退，学得慢，忘得快，我曾经超越别人的天赋也变得不如人家了。如果在这样的情况下，我没有注意到自己的情况，生活就会是毫无价值的了；如果我意识到了，我该怎样继续越来越没有价值和愉悦的生活呢？

“如果我不正义地死去，会让那些不正义地处死我的人蒙受耻辱；因为如果不正义是可耻的，做出不义之举怎么可能不是可耻的呢？但是，对我来说，别人对我的案子不能正义地判决或行动，我又有什么可耻的呢？我自己认为，对于前人来说，后人对于其行动公平与否的评价，是随着个人遭受到的不公平的待遇或行不义之事而改变的。所以，我也知道，如果我现在死了，世人会对我产生与处死我的人所持的看法不同的看法；因为我确信，人们总会证明，我从没有不义地对待任何人，没有把人带坏，而是努力要让别人变好。”

这就是他和赫莫克拉提斯以及其他各种人展开的谈话。

那些知道苏格拉底真正为人、爱好德行的人，比其他人更为苏格拉底感到遗憾，甚至到了今天，也以最大的程度怀念他。对我来说，他就像我描述过的那样，是如此的虔诚，无论做什么都要征询神明；他是如此公正，从未伤害过任何人，就算是很轻的伤害也没有，反而对那些交往的人提供最大的帮助；他是如此自制，从没有偏好愉悦而放弃德行；他是如此明智，从未错误地分辨好坏，不需要别人的帮助，自己就能很好地区别；他是如此擅长判断别人的特点，说服那些有错误的人，让他们追求德行和崇高、善良的事情。他看起来就是最善良和最快乐的人了。如果有人对我的观点不满意，就让他拿别人的品格和苏格拉底的比一比，并依此做出自己的评判吧。